做更好的自己

ZUO GENGHAO DE ZIJI

XIAOXUESHENG XINLI CHENGZHANG SHOUJI

——小学生心理成长手记

主　编 / 何琳琳

副主编 / 左果果　雷于佳

电子科技大学出版社

University of Electronic Science and Technology of China Press

·成都·

图书在版编目(CIP)数据

做更好的自己：小学生心理成长手记 / 何琳琳主编.
— 成都：电子科技大学出版社，2020.12
ISBN 978-7-5647-8656-4

Ⅰ. ①做… Ⅱ. ①何… Ⅲ. ①心理健康－健康教育－小学－教学参考资料 Ⅳ. ①G444

中国版本图书馆CIP数据核字（2020）第254996号

做更好的自己：小学生心理成长手记

何琳琳　主编

策划编辑　罗　雅　郭蜀燕
责任编辑　于　兰

出版发行　电子科技大学出版社
　　　　　成都市一环路东一段159号电子信息产业大厦　邮编　610051
主　　页　www.uestcp.com.cn
服务电话　028-83203399
邮购电话　028-83201495

印　　刷　成都市火炬印务有限公司
成品尺寸　148mm×210mm
印　　张　8.375
字　　数　250千字
版　　次　2020年12月第一版
印　　次　2020年12月第一次印刷
书　　号　ISBN 978-7-5647-8656-4
定　　价　48.00元

序

小学时期是儿童心理发展的重要时期。在这个时期，儿童的认知、自我意识、道德、价值观、社会交往等均处于人生早期的发展阶段。小学生生理和心理上的不成熟，文化知识及社会经验的不足，使他们极易受外界不良因素的诱惑，形成不健康的心理，导致心理问题或心理疾病。进入小学以后，儿童的学习习惯、作业态度等入学适应问题，考试焦虑、厌学等学习问题，人际孤僻、社交恐怖等人际交往问题，焦虑、抑郁等情绪问题，以及亲子沟通、问题行为等问题日益凸显，严重影响了他们的健康成长和正常发展。

《中小学心理健康教育指导纲要》指出：中小学生正处在身心发展的重要时期，随着生理、心理的发育和发展、社会阅历的扩展及思维方式的变化，特别是面对社会竞争的压力，他们在学习、生活、人际交往、升学就业和自我意识等方面，会遇到各种各样的心理困惑或问题。因此，在中小学开展心理健康教育，是学生健康成长的需要，是推进素质教育的必然要求。

学习和亲子关系成为小学时期最重要的发展任务和话题来源。“辅导作业成了亲子关系的杀手”“不辅导作业母慈子孝，一辅导作业鸡飞狗跳”“神兽归笼”……家长总是关心孩子考得怎么样，是否有礼貌，在大庭广众下是否敢表现自己，却往往忽略了孩子是否感到幸福，是否具备爱和感受爱的能力，忽略了孩子内心对自我和人生的定义。我们总是想给孩子灌输更多的学业知识，却往往忘记关注孩子一直以来以怎样的状态与世界相处。幸福是一种能力！幸福的能力是一切学业成绩、优异表现的基础，但是却往往不被家长看见。

如何看待学习、如何学习、怎样与人交往、怎样表达自己的情绪等等课题是小学生每天都会面临，并且需要及时解决的课题。越来越多的小学生开始抱怨学习疲惫、心理压力过大、家长不理解自己，老师的沟通方式太强硬。当结束一天的学习之后，一些小学生还会思考生命的意义是什么，个体存在的价值是什么；有些孩子还经常向家长和同伴表达自己对于死亡的恐惧和不解。除了学习，还有哪些地方是家长对这个年龄阶段的孩子最应该关注的呢，小学生是如何看待自己和目前的生活状态的。所有的这些问题都会直接影响到他们会不会体验到幸福和快乐，影响到他们的学习动力和态度，影响到他们生活的方式和质量。

作为老师，除了向学生传递书本知识，带领学生通过一次又一次的考试，还应该使学生学会更科学、正确地看待世界，为学生提供一份切实有效的“解决问题蓝本”。

本书从小学生生活和学习中的常见现象入手，用通俗易懂的语言讲述这些现象背后蕴含的心理学知识，再从小学生、家长和老师三个角度解析了与案例相关的心理方法及应对技巧。本书可作为小学生的手边书，为他们的成长提供养料；也可以作为家长亲子沟通的参考资料，为家庭教育提供指导；亦可以作为学校心理健康教育的课程教材，为心理教育工作者或小学教师提供参考。

张进辅于重庆北碚

2020年10月

张进辅：西南大学教授，基础心理学专业、心理统计与测量专业博士生导师，重庆市社会心理学会副会长。主要研究方向：青年心理研究、心理测量研究。在国内外专业刊物上发表论文300余篇，出版著译作20余部。曾获教育部人文社会科学研究成果一等奖一项、全国教育科学研究优秀成果三等奖一项、省或直辖市社科奖与教学奖多项、朱智贤心理学奖一项。

前 言

小学时期是儿童期和青春期的过渡阶段。整个小学阶段的时间跨度非常大，小学低段与小学高段孩子心理发展特点的差异也非常大。许多小学低段的孩子与幼儿园高段的孩子的心理发展水平接近；而小学高段的孩子属于前青春发育期，甚至有部分孩子已经进入生理快速发育的阶段，呈现出青春期孩子的心理发展特点。

精神分析流派的代表人物弗洛伊德认为，小学时期孩子正处在潜伏期阶段：相对于幼儿期和青春期，这是一个相对比较平静的时期。在这个阶段的孩子开始将注意力转向外界，社会交往的范围也开始从父母转向同龄的小伙伴。这个时期的孩子对人际交往产生了巨大的兴趣，他们渴望与同伴的交往，希望自己在社会群体中能够被接纳。他们开始感受到“孤独”“寂寞”，开始深刻感受到“被孤立”“受欢迎”等社会交往中的独特情感体验。大团体中开始逐渐分化出小的团体，友谊成为这个时期非常宝贵和有意义的东西。孩子们开始建立起一套关于友谊的定义、友谊的标准以及友谊的意义等的理论体系。家长们时常会看到孩子们流行看某类书籍、流行说某类话语、流行讲某类笑话……

同伴和教师的评价成为孩子们自我评价和自我概念中非常重要的灯塔。教师在孩子的心中仍然是非常重要的社会他人。罗森塔尔效应述说着教师的态度和行为对这个阶段的孩子的心理发展的重要作用。一些小学中年级的学生开始出现因为喜欢某个老师而特别喜欢某门学科，同时也有一些孩子因为不喜欢某位老师而对这位老师所教授的学科提不起兴趣，严重时甚至会导致这个孩子未来一生的偏科现象。如果让成年人去回忆这一生中对自己影响最大的老师，很大一部分人都会说出小学期间自己印象深刻的老师的名字。

虽然相对于青春期的孩子来说，小学时期的孩子在生活上、精神上对自己父母的依赖还是要明显很多，但是相比之下，父母在孩子心目中的地位开始由幼儿时期完全的依赖、崇拜开始向质疑、更客观的评价转变。孩子开始“顶嘴”了，孩子开始“狡辩”了，孩子变得不再需要父母了，孩子居然开始嫌父母唠叨了……一些家长经常会感叹自己的孩子一下子长大了，说话和处理问题的方式俨然一副小大人的模样，有时甚至还会从他们的嘴巴里蹦出一些哲理性的话语。但是有时候他们又突然像个幼儿园的小孩，幼稚、固执、不讲道理。有的孩子已经八九岁了还是不愿意跟父母分床；有的孩子整天围着妈妈转，完全不能跟妈妈分离；还有的孩子做事拖拖拉拉，需要父母不停地催促、提醒才能完成自己应该完成的事情……尤其是在辅导小学生作业的时候，几乎每个家庭都没法再上演“母慈子孝”的美好剧情了；甚至有家长说影响亲子关系的“第一大杀手”就是辅导作业。有研究表明，小学时期父母与孩子的沟通方式、互动模式对孩子未来对自我的评价、与他人的交往方式、对事情的处理方式等都会产生非常重要的影响。

著名的发展心理学家皮亚杰认为，小学时期的儿童的思维发展水平处于具体运算阶段，可以借助具体的实物和形象进行逻辑运算，但是还不能脱离具体的表象进行假设推理和运算。小学低段的孩子刚刚摆脱了自我中心主义：他们能够理解不同的人即使看到了相同的场景，获取了相同的信息，仍然有可能持不同的观点，具有不同的情感体验；他们可以站在他人的立场上去看待问题，去理解他人的观点和感受。因此我们可以看到，小学阶段的儿童在人际交往的时候比幼儿表现出更多的同情心，他们也更能够接受他人对自己的拒绝和反对。他们开始了解到规则是个体间协商制定的，不是一成不变的。当规则不适用于当下的情况时，可以通过协商调整或改变规则。因此我们可以看到这个阶段的孩子经常参与竞技类的、合作类的社会游戏。在游戏开始之前，他们往往会花费一些时间去申明、修改或是制定规则；

在游戏的过程中都会按照统一的游戏规则去规范和约束游戏中的行为，并以此为依据来认定游戏的进程和结束。当出现争执和矛盾的时候，孩子们也通常会停下来协商和调整游戏规则，直到大家的意见统一，游戏才会再一次重新开始。弗洛伊德的女儿安娜·弗洛伊德认为，此阶段的孩子倾向于将自己的关注和精力投入有竞争的、耗费体力的活动中，他们往往通过参与竞技性、艺术性、创造性的活动来释放和升华自己体内的内驱力。

本书从认知发展、自我意识、情绪发展、自我评价、学习问题和生理发展与生命教育这六个板块展开。每一章又囊括了小学生学习和生活中常见的案例主题，而每个主题又从“生活小剧场”引入问题，通过“心理小百科”介绍该问题背后的心理学知识和原理，再通过“心钥匙”教给小朋友科学、易操作的解决办法，最后通过“心理学博士对家长说”和“心理学博士对老师说”，用专业的知识和方法指导家长和老师科学、有效地应对孩子存在的问题。本书力争使用通俗易懂的语言，将专业的心理学理论和知识介绍给大众。全书采用小学生的口吻，让孩子在真实、常见的生活和学习情境中看见自己的影子，身临其境。本书可以作为小学生生理与心灵成长的枕边书，亦可以作为家长与教师的指导读物。

何琳琳

2020年12月

何琳琳：

发展与教育心理学博士，国家二级心理咨询师，西南科技大学应用心理学专业教师；主要研究方向：儿童认知发展、儿童游戏治疗、表达性艺术治疗、少数民族跨文化研究。

目　录

第一章

认知发展

一旦出现了一点小错误，我就很难接受，怎么办？

生活小剧场

一有小错误，小西不接受。
一有小错误，小西很难受。
比如一个字，错了全重来；
发音不标准，一天不说话；
课上答错题，一周伤心过。
害怕做错事，害怕挨批评。
小西想完美，小西也难受。
此题何解？

心理小百科

有一类人被称为“完美主义者”，简而言之，就是追求完美的人。完美主义者又可以分为两种，分别是适应性完美主义者和非适应性完美主义者。这两类人的特点都是力求目标的达成但又有所区别。适应性完美主义者，是设置高成就标准，努力追求成功的一类；而非适应性完美主义者则是关注错误，逃避失败，他们会设置特别苛刻的高标准并强迫自己去达成。

以故事里的小西为例，他就属于非适应性完美主义者这一类。他对自己的小错误无法容忍、感到难受。而小西无法容忍、感到难受的原因是他内心无形地给自己设置了一个很苛刻的标准。没有达到心中的标准，小西自然就觉得难受了。非适应性完美主义者好像是想要完美，但是本质上是“我不要失败”。小西追求成功的过程，可能不是活力满满地向着目标前进，而是小心翼翼地避免“我会失败”。适应性完美主义者追求的成功是，“我失败了一次又一次，但我终于成功了”。但小西追求的的成功是，“我只做这一次，这一次就必须成功；如果我没有把握，我就拖着不做，避免我失败”。

心钥匙

世界上没有完美的人。如果每个人都是一颗星星，那么他身上的瑕疵，也让他散发的光芒显得独一无二。我们要学会宽容自己的错误，每个人都会犯错误，重要的是在这次错误中学到东西。如果我们总是给自己设置一个高不可攀的目标，那么当我们达不到时，其实并不是我们本身的问题，而是目标设置的问题。可以尝试把这个高不可攀的目标分成许多个小目标，一步一步地慢慢靠近最终目标。每当达到一个小目标时，都可以给自己一些奖励。你对每一个小目标的付出都体现了自己的价值，每一个小目标的达成都是你的成功哦，为自己的付出和成功奖励自己一番吧！

心理学博士对家长说

当家长发现孩子表现出完美主义的特征时，首先要判断孩子是适应性完美主义者还是非适应性完美主义者。对于非适应性完美主义者，家长可以从以下几点来帮助孩子进行调节。

1. 注意你向孩子传达的信息。如果你总是夸赞或者安慰他会“得高分”“考第一名”，孩子可能会觉得自己需要继续维持这样的成绩而让自己倍感压力。家长需要让孩子知道：重要的不是分数，而是他努力投入的过程。需要注意的一点是，让孩子明白你对他的爱是无条件的，而不是基于他的表现。

2. 告诉孩子他让你感到骄傲的其他方面（不含评分、竞争性质）。

比如他特别懂得玩游戏；比如他帮助别人的时候；比如他不仅和小伙伴们玩得很开心，和爸爸妈妈也可以相处得很愉快。

3. 允许孩子犯错误。家长要给孩子一定的试错空间，并且在他寻求帮助时提供合理的支持。

4. 不要维护自己的完美形象。如果家长在孩子面前一直保持一个完美的形象，那么孩子也会在内心同样严格地要求自己。所以家长可以主动向孩子分享自己的喜怒哀乐、自己小时候的囧事，甚至可以寻求孩子的帮助，让孩子知道每个人都是不完美的。

心理学博士对老师说

为了避免学生形成非适应性完美主义，老师在教学中应注意：

1. 在向学生反馈有评分、竞争性质的活动结果时，允许学生犯错误，善于发现学生在学习过程中的闪光点。

2. 引导学生正确归因。如果一个学生在某次考试或某件事情上做得不好，老师要注意强调的是，“学生只是在这件事情上表现得不够好，而不是学生本身不好”。

3. 开展一些不具有评分、竞争性质的活动，肯定孩子们在活动中表现出来的优秀品质或其他技能，比如合作精神、会某种才艺等。

我怎么总是被一些有趣的东西吸引，忘记了正事？

生活小剧场

“丁零零……”走廊里传来了一阵上课铃声，小西和小伙伴匆忙从后门跑进了教室。“好险！”小西在心中犯嘀咕，“再晚一步就要被老师眼神锁定了。”小西的这点小心思很快被同学们整齐划一的背书声给盖过。突然，班主任李老师从讲台走到过道，看向小西，小西心里一慌，也马上加入其中……小西慌神是因为李老师昨天刚刚和自己谈过话，有别的任课老师反应小西上课注意力不集中，好几次都盯着窗外，出神地望着什么，冷不丁被老师叫起来询问在看什么，“小蝴蝶”三个字脱口而出，反应过来的小西脸一下子红了，周围是同学们稀疏的笑声。“唉，可是我做错了什么呢？”小西想，“好想像窗外的小蝴蝶一样自由自在呀……”

心理小百科

注意力是指人的心理活动指向和集中于某种事物的能力，是每个人的大脑都具备的一种能力。而注意力分散是指对当前应该注意的对象和活动缺少充分指向和集中的一种状态。注意力并非生来就很强大，而是像每个人的身高一样，有一个从低到高的发育过程。小学阶段的儿童，注意力虽处于一个迅速“增长”的阶段，但总体来说还不够稳定，自主性也不够强，因此很容易被新奇的东西吸引，导致注意力的分散。

注意力具有稳定性、范围性、分配性和转移性四个特质。学龄期的儿童，各项身体机能都处于不断发展的阶段，而注意力发展的关键期正值孩子的小学阶段（6～12 岁）。注意力不足会严重影响孩子的学习效率，但随着年龄的增加，孩子的注意力水平也会发展得越来越完善。

心钥匙

我们可以把注意力当作大脑里的一个小精灵。小精灵刚出生时，它还什么都没见过，所以它对新奇的、自己感兴趣的、觉得有趣的东西最是好奇。只要有这样的东西出现，不管小精灵刚刚在做什么正事，都会被吸引走。

“小蝴蝶”固然好看，但学习任务同样也很重要。所以你要努力提升自己的专注力，不要在上课时被其他东西给影响。你可以：

1. 一次只做一件事。不要想着一心二用，把你的精力全都集中在一件事情上。

2. 时刻提醒自己。当发现自己在走神时，要及时纠正自己，把注意力拉回正在完成的事情上。

3. 限时完成。做事前给自己限定一个完成的时间，如果没有在规定时间内完成，就给自己一点小惩罚。

心理学博士对家长说

小学生的主动观察力较弱，往往会被新奇和自己感兴趣的东西吸引，比如新奇、鲜艳的图画或有趣的动画片等。他们注意力的集中性（注意指向一定事物时聚精会神的程度）和稳定性（在一定时间内把注意保持在某一事物或活动上）也处于较低的水平。所以孩子在上课、吃饭或者做其他事的时候注意力不集中是他们认知发展阶段的正常表现。

家长在帮助孩子调节注意力时，要做到以下几点：

1. 宽容冷静地对待，不能操之过急。

2. 当孩子在做事的时候，让孩子远离干扰。家长应该为孩子准备一个安静、尽量没有干扰物（如玩具、手机等）的环境，避免孩子在做事，家长却在旁边玩手机或制造出各种声音的情境发生。

3. 为孩子设定目标并给予完成目标的奖励。通过奖励来强化孩子的注意行为。

4. 陪孩子做一些注意力训练。比如，玩一些小游戏，一起阅读一篇文章等。

5. 为孩子提供健康的饮食。有研究发现一些食品添加剂或含咖啡因的饮品会刺激孩子的情绪，影响专注度。

心理学博士对老师说

在小学阶段，学生的无意注意占据主导地位，有意注意开始蓬勃发展。无意注意就是没有预定目的、不需要意志努力、不由自主地对一定事物所产生的注意。而有意注意，则是有预定目的、需要一定意志努力的注意。刺激强度大的、对比鲜明的、突然出现的、变化运动的、自己感兴趣的、新奇的人、事、物都容易引起学生的无意注意，比如窗外的蝴蝶、教室门突然被打开等。

根据小学生的认知发展特点，老师可以利用新奇的图片、鲜艳的颜色、声情并茂的授课方式来有意识地吸引学生的注意力，通过游戏、戏剧扮演等多样化的教学形式来增强学生学习的兴趣，也可以赋予学生任务和挑战激发学生的求胜欲来集中他们的注意力。有数据表明，存在注意问题的学生往往学业成绩不佳，纪律性较差。老师对待这类学生要有充足的耐心。面对存在注意力问题的学生，老师们可以：

1. 激发学生自己的“主角身份”，引导他们自己去发现和解决问题，增加主动性，减少注意分散。

2. 开展一些训练注意力的活动。老师可以联合学校的心理老师对学生进行一些注意力训练的团体辅导活动。注意力问题严重的孩子需要转介给专业的机构或人员进行矫正或改善。

有时候学习一些很难的知识，我实在是听不懂！好像听懂了，却又不会用！真是心累又讨厌！

生活小剧场

“2+2=4?”

“3×3=9?”

“奇数+奇数=偶数?”

妈妈的声音萦绕在耳边：“你看，7是奇数，7加7等于多少?”小西很苦恼地想：“14。可是为什么奇数加奇数就等于偶数了，到底为啥呀?”小西还是很不理解。小西想起他教刚上一年级的弟弟小浩做题时，小浩怎么也算不明白3+2等于多少。小西想，“或许当时小浩的心情就跟我一样吧，真是心累啊……”

心理小百科

认知是我们每个人最基本的心理过程，是我们获得知识、应用知识或进行信息加工的过程。认知能力的发展与我们的学习息息相关。小学儿童的思维正从前运算阶段向具体运算阶段过渡。低年级学生主要处于具体运算阶段（7～12岁，该阶段学生的思维一般还离不开具体事物的支持，而且这些思维运算是零散的，无法构成一个完整的系统），高年级学生开始向形式运算阶段（12～15岁，学生的思维不再依赖具体事物，可以根据假设来进行逻辑推演）过渡。小学儿童尤其是低年级儿童的认知能力有限，使得他们在学习某些需要高级认知能力的知识时会比较困难。

心钥匙

我们进行思考时都需要依靠大脑里的“思维精灵”。每个人的“思维精灵”都需要慢慢长大。当我们从一年级升到六年级的时候，“思维精灵”也在不断地成长。低年级小朋友的“思维精灵”需要依靠现实世界里具体的事物来进行工作，比如，用小棒来进行加减运算。而高年级小朋友的“思维精灵”通常可以不依靠具体事物，自由地像名侦探柯南一样进行逻辑推理工作。

世界上许多事物之间，既有我们一眼就看得到的特点，也有它们藏在身后、我们无法直接看到的秘密关系。随着我们逐渐地长大，我们慢慢变得可以发现它们藏在身后的秘密关系。

有时候，我们总是觉得听不懂那些很难的知识，或者有时候好像自己弄懂了，但是到做作业的时候又发现自己不会做。其实这都是因为这些知识目前还不在“思维精灵”的工作能力范围之内，所以我们会觉得吃力又讨厌。这样一来，我们管理注意力的“小精灵宝宝”也觉得很讨厌，于是就跟着那些让我们觉得更有趣的东西飞走啦！偷偷告诉你，老师之所以厉害，什么题都难不倒他们，也是因为老师们的脑袋瓜里面住着长大了的“思维精灵”呢！所以啊，如果我们要变得厉害，就必须让自己的“思维精灵”长大！

为了让你的“思维精灵”能够茁壮成长，首先，你要管理好你的“小精灵宝宝”，不要让它随意乱跑。然后，就像我们吃饭可以长大一样，“思维精灵”也需要通过吃东西来成长。而它们的食物就是那些让我们觉得有点难的知识。“思维精灵”最可爱的地方就是，无论多么难的知识，只要通过反复练习都能够掌握！只不过由于知识难度的不同，你需要练习的次数也不同。还有一个秘密就是这个世界上没有“思维精灵”学不会的知识！如果你实在觉得累，不想再单打独斗，那就勇敢地向老师、家长、网络求助，寻找适合自己的学习方法吧！

心理学博士对家长说

小学生思维发展的基本特征是从具体运算阶段逐步过渡到形式运算阶段。小学生观察能力发展的基本特征是从缺乏系统性的知觉逐渐过渡到有目的、有顺序的知觉；观察时受兴趣和情绪的影响很大，不能持续很长时间。小学生的主动观察力较弱，可以发现事物表面的、明显的特征，但不善于看到事物之间的本质联系。

如果孩子遇到学习困难的情况，家长可以：

1. 宽容、体谅孩子。如果孩子觉得很累，可以帮助孩子放松一下，放松之后再来学习。保持一个好的情绪、精神状态对孩子攻克难题是必要的。

2. 辅导孩子学习时，要根据孩子该阶段思维发展的水平和特点进行指导。家长觉得很简单的问题孩子也许会觉得很难。因为家长的认知水平所处的阶段与小学儿童认知水平所处的阶段是有本质区别的。换句话说，就是孩子和家长在解决问题时的思维可能是完全不同的，而在短时间内孩子是不可能学会用家长的思维方式来进行思考的。

3. 积极与老师沟通，从老师那里获取关于孩子的反馈。学习和了解该年龄阶段孩子的思维发展水平与发展特点，根据孩子的实际情况，帮助孩子寻找适合他的学习方法。

心理学博士对老师说

小学生的思维水平从具体运算阶段发展到形式运算阶段是一个质变的过程，而教师的教学在这一发展过程中起着至关重要的促进作用。在日常的教学工作中，教师要仔细观察学生现有的思维模式，帮助学生顺利地进入形式运算阶段。

1. 根据学习的意识水平，学习可以分为外显学习和内隐学习两种。外显学习是有意搜寻或把规则应用于刺激领域的学习。外显学习行为受意识的控制，有明确的目的，需要人的注意资源，要做出一定的努力。比如我们平常可以看到的，上课、写作业就是需要人们有意识去做的学习行为。而内隐学习是在不知不觉中获得某种知识，学习某种规则。学习者可能根本没有意识到，抑或是无法直接说出来，但这种学习的效果却可以间接地通过测试表现出来。在情境多变、事物复杂、关键信息不明、个体生理条件差时，内隐学习优于外显学习。因此，在小学教学过程中，教师可以根据学习材料的特点，利用学生所处的教学环境，给予学生内隐学习的知识刺激，将外显学习和内隐学习两者有机结合。

2. 当学生进行求助时，不斥责，多鼓励。根据学生的知识掌握情况，帮助学生调整学习计划，引导学生使用适合自身且有效的学习方法。

3. 每个学生的思维发展水平都可能有差异。教师应该依据每一个学生的实际思维水平和发展特点适当地提出一些挑战性的问题和任务，以不同学生的“最近发展区”为基础促进学生“内化”过程，进而实现思维的转化。

注：

最近发展区：苏联教育心理学家维果斯基把每个孩子现有的发展水平与在成人的帮助下可以达到的潜在的发展水平之间的区域叫作“最近发展区”。他认为，成人的教育必须要基于孩子的最近发展区，低于或高于最近发展区的教学都不会产生有效的学习和发展；通过教学，一个最近发展区又可以创造出另一个最近发展区。

背东西真是好难啊！给我来点秘诀吧！

眼看期中考试就要到了，小西坐在教室里，心里默背着乘法口诀表。“……六七四十二，六八四十八……七八五十六，七九，七九，七九，七九……又忘了！”小西懊恼地拍了一下脑袋，想着休息一会儿好了。谁知他刚走出教室，便迎面碰到闭着眼睛、晃着脑袋瓜的同桌乐乐，只听他嘴里念着：“独在异乡为异客，每逢佳节，每逢佳节又思亲。遥知......”“倍思亲！”小西赶忙好心提醒道。乐乐脑袋瓜一停，“唰”地睁开眼睛，可怜兮兮地看着小西说道：“我怎么又背错了！”小西顿觉同桌甚是亲切，张开双手去拥抱乐乐，右手还轻轻拍了两下乐乐的肩膀，安慰道：“没事没事，咱俩同病相怜啊！”

心理小百科

记忆是一个神奇的东西，它既看不见也摸不着，却实实在在地存在于我们的生活中。其实，记忆是我们的大脑对经历过的事物的识记、保持、再现或再认。心理学家根据信息在我们头脑中保持时间的长短，将记忆分为瞬时记忆、短时记忆和长时记忆。在每天接触到的大量信息中只有少部分的信息会被真正进入我们的大脑。首先进入我们大脑的信息会成为瞬时记忆，它存在于我们的大脑里仅有几秒钟，如果我们没有注意到它，它就会被我们的脑袋瓜遗忘。如果我们注意到了它，那它就会变成短时记忆，这时信息可以在我们的头脑中保存1～2分钟。但是如果我们没有对短时记忆进行复习，那么短时记忆也会逐渐被大脑遗忘。只有我们不断对短时记忆进行提取、复习，它才会变成长时记忆。长时记忆可以在我们的大脑里保存很久，有些甚至可以永久保存下来。

所以对于大部分的学习内容来说，我们都需要时常温习才能让它们永久保留在我们的脑袋中，成为永不遗忘的知识。对记忆信息进行复习，就像我们需要给苹果进行保鲜一样。给苹果进行保鲜后，苹果的口感会依旧爽脆香甜；而对记忆信息进行复习，才能让我们记忆犹新。

心钥匙

你有没有一些自己独特的记忆技巧呢？如果没有，你可以尝试一下这些方法。

1. 多种感官参与记忆。比如，当你在复习“闻”字怎么写时，手（感官1）在纸上写“闻”字，嘴（感官2）说“闻”字，鼻子（感官3）闻一闻桌上牛奶的香味。怎么样？是不是跟做游戏似的？快试试吧！

2. 利用艾宾浩斯遗忘曲线（见图1）进行及时有效的复习。心理学家艾宾浩斯根据心理学实验的结果绘制出了遗忘曲线。从这个遗忘曲

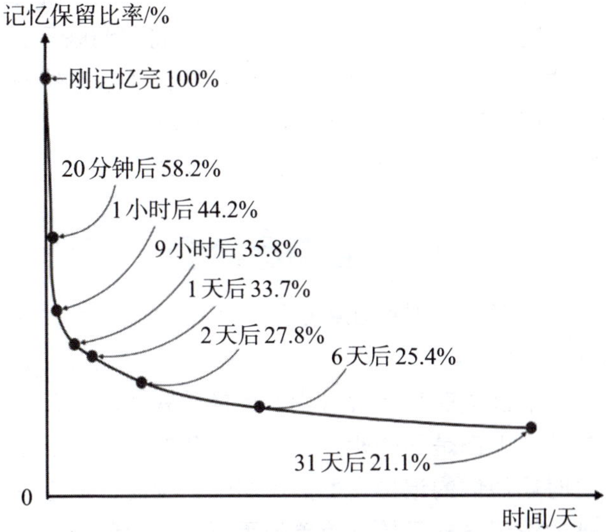

图1 艾宾浩斯遗忘曲线

线我们可以看到，遗忘是一个由快变慢的过程。我们在学习新知识以后，如果不及时对新知识进行复习，在很短的时间里我们就会遗忘掉很多的知识。自然情况下，学习后20分钟，有一大半的知识会被我们遗忘掉。而对于记忆相对稳固的旧知识，我们可以适当减少复习的时间。

3. 视觉想象辅助记忆。比如，背诵《望天门山》中的“天门中断楚江开，碧水东流至此回”时，你可以边朗读边在脑海里想象诗词中描绘的画面：楚江之水把天门山从中间冲开断裂，碧水向东奔流又转了头回到这里；在记忆单词 “tiger” 的时候，可以联想为“泰山上的一只虎”。

4. 当别人的小老师。第一步，把你学到的知识整理好讲给一个同学听，让他能理解你阐述的信息；第二步，回顾知识，对第一步中自己说不清楚的，理解还有些模糊的地方进行补充学习；第三步，用经过自己理解和总结的简单明了的语言把知识点讲出来；第四步，再次讲解给别人听并询问他的感受。

5. 新旧知识结合法。当你在学习新知识的时候，可以把新知识与旧知识结合起来。比如，当我们在学习“森”字的时候，就可以将之前学习过的“木”“林”结合起来，用一首顺口溜将它们联系起来：一个木是木，两个木是林，三个木是森。在新旧知识比较类似时，试着找出新旧知识的不同，避免混淆。比如当你在学习“big”这个英语单词时，可以仔细观察它与以前学过的“bag”有什么不同。

心理学博士对家长说

对家长而言，很多时候很难理解孩子为什么总是记不住那些在成人看来非常简单的记忆内容。

我们来了解一下孩子在其年龄阶段的记忆发展特点：在小学低年级，孩子记住的基本上都是那些明显的、有特色的，给孩子留下深刻印象的事物。这时候他们的记忆类型多是图像、画面、情景等。到了小学高段，儿童的识记方式开始从简单的重复机械识记向有意识记转化，对于词汇、文字这些抽象材料的记忆的发展速度逐渐超过对形象的记忆。

我们家长可以做些什么呢?

1. 首先我们要平和地对待孩子的“记忆问题”。当我们了解了不同年龄阶段孩子的记忆发展特点后，我们就不会刻板地认为孩子记不住、记不牢一定是自家孩子记忆力差了。

2. 面对需要识记的材料，我们可以协助孩子对这些抽象的材料进行处理。比如，把抽象、难懂的诗词转换成生动、形象的图像、场景，引导孩子通过想象、图片或者视频的协助，来更好地识记。

3. 在没有任何帮助的情况下，小学中低段的孩子很难自己摸索出记忆的方法，因此需要家长教给孩子一些简单易操作的记忆方法。在生活中，家长可不断地引导孩子使用记忆方法，让孩子切实感受到使用这些记忆方法之后，记忆力真的有所提高。

4. 孩子的记忆是一个自然的发展过程。在成人的帮助下，孩子的记忆发展可能会有很大的发展，但是个体记忆的发展有着自己的规律和轨迹，不可能在短时间内产生质的飞跃。因此，家长需要科学地看待和引导孩子的发展，切不可揠苗助长。

心理学博士对老师说

小学低段儿童的记忆方式基本上都是没有目的的无意识记忆。在小学二年级到四年级，儿童的有意识记快速发展。在成人的引导下，儿童开始越来越多地进行有意识记。到了高年级以后，有意识记趋向成熟，并且在儿童的识记活动中占主要地位。在幼儿时期，孩子基本上不能主动地运用记忆的策略和方法进行有目的的记忆。到了小学低段，在家长和老师的引导下，部分孩子开始学会使用一些记忆策略和方法进行有意识记。而在10岁以后，大部分孩子都能够主动、自觉地运用记忆的策略和方法。因此作为教师，我们可以做好以下几点。

1. 小学低段的孩子：教师需要根据他们的记忆特点，用更生动、更形象的实物或是图片、场景等材料来进行教学。给学生布置的记忆任务也要符合他们的记忆特点，不能对他们提出超过他们记忆发展水平的要求。

2. 小学中段的孩子：教师在教学安排和学习任务的布置过程中，都可以适当地给儿童加大难度，有目的地增加训练孩子对抽象内容进行有意识记的内容。在此过程中，学生可能会表现出畏难、挫败等情绪，教师一定要循序渐进，耐心引导，同时要考虑到学生的发展水平和个体差异，选择适当的记忆策略和记忆方法教给孩子，并在日常的学习中不断地引导孩子，促使他们形成良好的记忆习惯。

3. 小学高段的孩子：教师可以根据他们的发展水平和特点进行更高要求的记忆引导和训练。除了直接教授给孩子们好的记忆方法，还可以通过让他们自己总结、归纳，以及相互讨论、分享等多种方式使他们强化记忆习惯，丰富记忆策略。

为什么我的时间总不够用？

生活小剧场

星期天下午，小西坐在庭院的小石桌旁写作业，想着还有三遍抄写，一张语文卷子、一张英语卷子没写，他有些不知所措。此时的他已经卡在数学卷子的最后一道题足足15分钟了。小西皱着眉头，噘着嘴巴，铅笔顶着右边的脸蛋，心想："太难了！这题我不会做！"厨房里的可乐鸡翅香味顺着旁边的窗户飘了过来，庭院外传来乐乐和壮壮嬉戏玩耍的打闹声，小西不由得心生羡慕："要是我把作业时间安排好，早点把作业给完成就好了！"他转头看着庭院角落里的滑板、推沙车、乐迪玩具，顿时更加心酸了。"唉……"他长长地叹了一口气，继续埋头苦想起来。

心理小百科

几乎人人都会有担心时间不够用的情况，这种现象被称为"时间焦虑"。简单来说，时间焦虑就是我们认为拥有的时间少于我们需要的时间。当我们出现时间焦虑时，我们的思维判断能力就会下降，影响我们的学习效率。所以，每个人都要做出行动来阻止时间焦虑的出现。

我们所处的环境也会影响我们的学习效率。当环境嘈杂、有很多干扰物的时候，我们的注意力会被分散，使我们无心学习。

心钥匙

你是否也常常感觉自己的学习时间不够呢？你可以试着用这些方

法来帮助自己。

1. 寻找良好的学习环境，避免出现当我们被外界干扰，耽误了时间后再去焦虑我为什么要耽误时间，接下来时间不够了该怎么办的恶性循环。

2. 制订合理的学习计划。在完成每项学习任务之前给各项任务分配相应的时间，做一个优秀的时间管理大师。告诉你一个小秘诀：不要把时间一次性分配给一个大的任务，而要把时间划分出来分给一个个小的任务哟！

3. 学会寻求帮助。当我们难以完成学习任务时，可以通过各种渠道寻求帮助，比如书本、网络、老师和同学。

心理学博士对家长说

时间管理是一门很深的学问。很多成年人都没有办法很好地管理自己的时间，更不用说心智尚不成熟的小学生。为了帮助孩子管理时间，家长可以从以下几点着手。

1. 帮助孩子树立时间意识。家长可以温和地提醒孩子任务完成的截止时间，引导孩子给任务做时间规划。

2. 尽可能地为孩子提供一个安静、舒适的学习环境。

3. 鼓励孩子勇于提问，教会孩子利用网络进行查疑学习。

4. 以身作则，加强自身的时间管理能力。

心理学博士对老师说

合理地安排时间是一个良好的学习习惯，在日常教学工作中，老师要着力培养学生的时间管理能力。

1. 学校可以开设一些关于时间管理的课程，让学生能够系统地学习对时间进行合理规划的方法。

2. 举办时间管理的启迪课，让学生在实践中体会时间的意义。

3. 注重劳逸结合。各科老师相互协调，合理地安排学生的任务，保证学生有足够的时间进行学习和娱乐放松。

第二章

学习问题

作业好多，不想写作业可怎么办呀?

生活小剧场

“小西，怎么又溜号了？作业做完没?”“哎呀，好了好了，妈妈你别催了，吃完这个橘子就去。”“唉，作业好多，要是写不完老师可是要发火的。”面对堆积如山的作业，小西的心绪就如同天上的云彩一般飘散不定、没有着落。小西呆呆地看向摞成一摞的作业本，手指搭在封面上轻轻点着桌子，时间就这样不知不觉地溜走了……“小西！作业做完了吗？别磨磨蹭蹭，写完早点洗漱睡觉！”客厅又传来了妈妈的催促。小西不由地轻轻叹了一口气。“作业好多，不想写，可怎么办呀?”

心理小百科

拖延是指在能够预料后果有害的情况下，仍然把计划要做的事情往后推迟的一种行为。从精神分析理论来看，拖延属于一种心理防卫机制，这种防卫机制主要因逃避而产生。当个体面对一件特别的事件时，由于潜意识的唤起，会让人产生焦虑；而人为了压抑这种焦虑，就会产生逃避行为。小学生的学习拖延比较普遍，但严重的并不多。其中，小学生在自主学习任务上的拖延最明显，其次是作业拖延，备考拖延程度最低。

心钥匙

人人都会有想犯懒的时候，但拖延不但不能解决问题，还会浪费我们宝贵的时间。为了防止自己拖延，你可以每次做作业前都把与作业无关的书籍、玩具暂时挪到自己看不见的地方，避免精力被无关内容分散。你还可以跟爸爸妈妈一起规划好完成每项任务的时间。在规定时间内完成任务时，一定要对自己说一句“我好棒!”如若没有达成目标，下次要继续加油，一点点靠近目标。

心理学博士对家长说

每个人都有惰性。好习惯的养成，往往是艰巨而困难的。家长可以通过以下方法来帮助孩子克服拖延，养成良好的习惯。

1. 合理地约束孩子，告诉他们该玩的时候好好玩，该学的时候认真学，不要想着边玩边学，不然两边都顾不了。

2. 承诺孩子如果他可以又快又好地完成作业，那么剩下的时间任他支配，长此以往，孩子拖延的状况会减轻很多。

3. 改变认知。部分孩子的拖延可能与缺乏正确的时间观念有关，家长要针对这一点进行教育，让孩子明白时间的宝贵，从而克服拖延。

心理学博士对老师说

学生往往把拖延归结于老师布置的作业太多。作业布置的权力往往掌握在任课老师手里，作业做什么，做多少完全由老师说了算；学生只有执行和完成的义务，没有选择的权利。这种传统的作业模式忽视了学生的学习差异和兴趣。作为老师，我们可以：

1. 作业布置要因人而异，适度适量。发掘具有创新性与乐趣的实践作业，并且即时给予反馈，激发学生做作业的积极性。

2. 提升学生的自我效能感。通过提升学生的自我效能感，可以增强其完成作业的信心和动机。

3. 发挥群体的作用。老师要建立一个充满理解、关爱、信任的班级氛围，通过群体的力量来帮助学生克服拖延。

爸爸妈妈奖了我一朵小红花！

生活小剧场

“爸爸妈妈，我回来啦！”今天是开心的一天，在家门外就能听到小西雀跃欢乐的声音。“呦，小西，今天挺开心？”妈妈把书包顺势接过来，拍了拍小西的头。“告诉你们一件好事，我的作业在学校就写完啦！是不是超级棒？”小西得意地扬起头，双手叉在腰上说。“不错不错，值得表扬！”爸爸马上说，“小西，过来过来，爸爸抱抱，真棒！”“那……不如我们奖给小西一朵小红花吧！”爸爸妈妈几乎同时说出这句话。“快快快，我要把它贴在我的小本子上。”小西迫不及待地说。“好，来，妈妈帮你贴上。”“奖励我们小西第一次积极主动又快速地完成作业。”看着小红花，小西甜甜地笑了。

心理小百科

著名心理学家班杜拉认为，自我效能感是个体基于以往经验，对自己是否有能力完成某一行为所进行的推测与判断。自我效能感能够决定个体对活动的选择与坚持，影响人们面对困难的态度，影响个体新行为的获得、习得行为的表现，并影响我们活动时的情绪。

研究表明：小学生的学习拖延与学习自我效能感呈显著负相关。对于小学生来说，学习自我效能感越高，学习拖延现象越少；反之，则越容易出现学习拖延。导致这一结果的原因是：拥有高自我效能感的小学生相信自己可以完成学习任务，倾向于选择更有难度有挑战的学习任务，体验更多的成功的欲望会减少他们的拖延行为；而低自我效能感的小学生顾虑较多、信心不足、缺乏自控力，容易反复陷于拖延的境地。

心钥匙

“万事开头难。”千万不要想着作业多、很难就一直拖着不做。一旦你开始去做，就会迅速地进入状态，发现其实作业没有自己想的那么多，那么难。坚持下去你就会变得越来越得心应手，再也不用为学习发愁。

心理学博士对家长说

家长通过奖励来强化孩子的学习行为是一种很常见的手段，但在使用奖励时，要注意：

1. 奖励要适度。要根据孩子的完成情况进行奖励，避免过度奖励。

2. 多采用精神奖励。家长要减少对孩子进行物质奖励，更多地进行精神奖励。

3. 奖惩结合。孩子做得好要奖，做得不好也要罚。但家长要避免体罚孩子，尽量采用负强化的方式。比如：采用取消孩子周末去游乐园玩的办法来促使孩子更好地完成学习任务。

心理学博士对老师说

老师要以发展的眼光看待学生，相信学生的能力是可以提升的。“授人以鱼不如授人以渔。”在教学工作中，老师要教给学生正确的学习方法，而不是进行“填鸭式”的知识灌输；更重要的是要提升学生的自我效能感，让他们有能力、有信心去应对学习、生活中的问题。

怎么又要上学了，头好痛！

生活小剧场

昨天的天气预报说今天是阴转小雨。果不其然，乐乐在滴滴答答的雨声中醒来，心情也湿漉漉的，带着一点沉闷。昨晚赶作业睡得晚，今天又有两节不喜欢的课。乐乐有些烦乱地搓了搓手，极不情愿地下了床，没精打采地洗漱了一番。“乐乐，怎么了呀？感觉状态不是很好，来吃早饭了。”妈妈关切地问道。“啊，没事的，妈妈，一会儿就来。”乐乐虽然嘴上这样说，心下却很烦恼。头也晕乎乎的，浑身没什么力气。“唉，时间过得好快，怎么又要上学了，头好痛哦……”

心理小百科

厌学心理是指学生在学习上表现出消极的态度，产生远离或逃避学习的一种反应模式。《教育大辞典》将厌学定义为学生对学习持有的一种消极心理，具体表现为学生厌烦学习、反感老师、抵触家长，对学习不感兴趣，迫于家庭或外界压力而读书，被动学习，造成学习状态不良，学习效率低下，对学习产生厌恶反感的情绪，上课心不在焉，严重还会出现装病、找借口逃学或旷课、退学、离家出走等行为。小学阶段是厌学的高发期，儿童还没明确学习的意义，对好玩的新事物充满好奇，因此容易产生厌学情绪。

心钥匙

可能你现在还没有那么热爱学习，但学习对于我们来说是一件很重要的事。毛主席曾经说过，我们要活到老，学到老。我们要主动探索学习的意义，清楚地认识到学习动机是开展学习的第一步。要知道学习是自己的事，学到的知识可以帮助我们解决很多未来生活中可能遇到的问题。你可以用以下方法来提升自己的学习兴趣。

1. 和小伙伴“组队”。不仅玩游戏可以组队，学习同样可以。你可以和小伙伴一起看书，做作业，讨论今天学习的内容，分享自己的心得体会。

2. 找到自己的优势学科。发现自己的长处，可以最大限度地激发我们的学习兴趣。

3. 给自己设定明确的目标和奖励。比如，期中考试考进多少名就奖励自己去游乐园玩耍。

心理学博士对家长说

家庭环境是导致孩子厌学的重要原因之一。许多家长忽略了孩子的实际情况，对孩子期望值过高。一旦孩子达不到父母的期望，他们的自我效能感就会严重受损，进而就可能产生厌学情绪。除此以外，长期得不到父母关爱的孩子，也会形成孤僻内向的性格，让孩子的学习积极性受到压抑。面对不想上学的孩子，强硬的要求势必造成更加逆反的心理状态，家长们可以：

1. 与孩子坐下来好好聊一聊，了解他们不想上学的原因；找到突破口后，再对症下药。

2. 适当降低对孩子的要求，不要对孩子抱有不切实际的期望。

3. 在孩子遇到挫折与困难时给予及时的指引。告诉孩子学习本来就是一项艰苦的工作，需要意志力参与，直面问题，解决问题，练就顽强的心理素质必不可少。

心理学博士对老师说

很多时候学生产生厌学情绪，老师可以说是责无旁贷的。课堂没趣味；老师强势不民主、盛气凌人；教学内容不丰富，讲课照本宣科；教法不灵活，满堂灌，“填鸭式”的教学都不利于培养学生的学习兴趣。老师们应该给予每一位学生足够的关注，因材施教，合理布置学习任务，避免“填鸭式”教学。

原来我可以玩

生活小剧场

“开饭啦，小西，你人呢？妈妈把饭做好了，快来吃！”妈妈在厨房里的呼喊并没有得到回应。菜摆好之后，小西还是没出来吃饭。“怎么慢吞吞的？”妈妈过来敲小西房间的门，推开一看，小西戴着耳机，跟着音乐摇头晃脑。“写完作业了？”看到面带怒色的妈妈，小西感觉不对，立马把耳机摘下，乖乖地过去吃饭。饭桌上出奇的安静，小西小心翼翼地夹菜，并偷瞄妈妈一眼。妈妈感觉到了小西的眼神，抬眼道：“其实妈妈知道你每天写作业都很辛苦，所以会有想要逃避的心理。妈妈不是不让你玩，妈妈只是想让你把做作业这件事放在前面。先完成作业，然后想玩就玩，还能好好玩，这样是不是更好些？”说罢将红烧肉推到小西眼前，“多吃点，这个你爱吃。”小西看着妈妈，心里有一丝惭愧。本以为要挨训，没想到妈妈竟然在温和地与自己商量。小西思考了一会儿，点点头，“好，我知道了，妈妈，我先去做作业了。耳机先放在柜子上，写完我再去玩！一定！”

心理小百科

抚养者对儿童的教养问题上表现出来的、具有一定的一致性和稳定性的看法、态度和方式称为教养方式。小学生正处于性格和习惯形成的阶段，具有很强的可塑性。他们最早接触的环境就是家庭环境，最早接触的“老师”就是父母。因此父母教养方式与小学生的身心健康发展密切相关，良好的父母教养方式有利于小学生的身心成长。

心钥匙

音乐很好听，游戏也很好玩，但如果你没有完成学习任务就去听音乐、玩游戏，就会影响你的学习进度。你可以主动把你的玩具上交给爸爸妈妈，等完成学习任务后再取回来。这样你既不会被爸爸妈妈念叨，还能又快又好地完成作业，剩下的时间就可以好好地玩了。

心理学博士对家长说

贪玩是孩子的天性，每个儿童都需要玩耍，但玩耍要建立在不影响学业任务的基础之上。父母的教养方式在培养孩子的学习习惯上起着举足轻重的作用。父母要做的不是强制性地告诉孩子要对拖延说“不”，而是要告诉孩子，“玩是被允许的”。他们可以自由安排自己玩耍的时间，前提是又快又好地完成学业任务，这样孩子自然就会将学业任务放在第一位，告别拖延。

心理学博士对老师说

老师应该根据孩子的发展特点和所处的发展阶段去布置适当的作业，让学生觉得作业能够完成，这样才更有可能让他们付诸行动。

老师也要针对不同类型的学生有区分地布置作业：成绩优秀的学生可以更多地布置一些探索性和拓展性的作业；而对于基础较差的学生，则应该以巩固基础的作业为主。

什么时候学习？什么时候玩耍？

生活小剧场

放学后，小西最喜欢和好朋友一起在小区的花园里玩耍。但经常是小西和好朋友玩得正开心时，小西的妈妈就会叫小西回家学习。好朋友乐乐让小西和妈妈商量一下学习的时间和玩的时间，这样就不会玩着玩着就被妈妈打断了。小西把乐乐的提议告诉了妈妈。妈妈让小西自己开动脑筋，好好想想什么时候玩，什么时候学习。这下小西就犯了难。因为他以前都是能玩的时候就玩，妈妈不叫他学习的话是不会想着学习的。

你觉得小西应该怎样安排自己的时间呢？

心理小百科

时间管理是指通过事先规划和运用一定的技巧、方法与工具实现对时间的灵活、有效运用，从而达到个人或组织的既定目标的过程。学生学习时间管理是指学生在没有老师或家长监督管理的情况下，自己管理用于学习的时间从而完成学习的过程。小学阶段的儿童正处于时间观念形成的时期，良好的时间观念有利于儿童进行有效的时间管理。

心钥匙

亲爱的小朋友，你是否觉得时间充满了神秘。一般来说，我们在读小学的时候，还没有形成很强的时间观念。有时候我们会觉得什么都还没做，一天就过去了。为了不浪费宝贵的学习时间，我们需要在家长和老师的帮助下完成时间规划，以保证完成每天的学习任务。你可以通过以下这些方法来管理自己的时间。

1. 四象限法则。你可以把自己要做的事情依次划分为四类：紧急且重要、紧急但不重要、不紧急但重要、不紧急且不重要（见图2）。

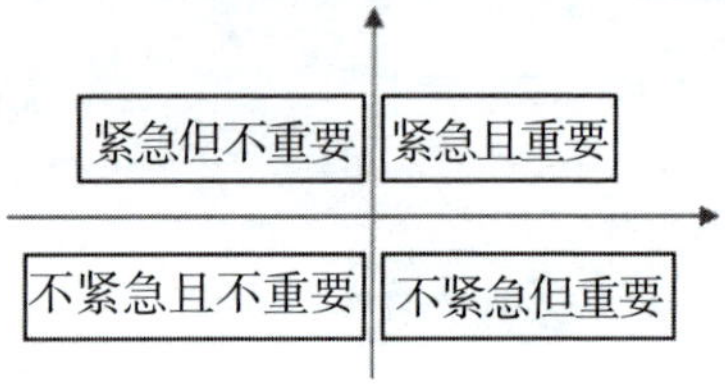

图2　四象限法则

当我们把需要完成的事情进行重要和紧急等级的划分后，就可以按照划分的等级去完成它们啦！应该优先完成的是那些紧急且重要的事儿，接下来完成紧急但不重要的事儿，然后是不紧急但重要的事儿，最后是不紧急且不重要的事儿。

2. 计划表打卡。你可以根据四象限法则给自己制订一个时间计划表，把要做的事情和需要完成的时间点都罗列出来。每完成一件事情就打一次卡，直至完成所有的事情。

3. 合理利用碎片时间。很多时候我们都不会有大量的时间来完成一些事情。如果能够利用好零散的、碎片化的时间，你会发现原来我们还可以做很多的事情。比如，我们上下学坐公交车的时间可以背背单词，等待吃饭的时间可以听听网上书籍等。长期坚持下来，你就会很有成就感的。

心理博士对家长说

小学阶段的孩子的自主性和自控能力都不是很强，因此需要家长及时监督和管理。但是这种监督和管理不能随着家长心情的好坏而变化，家长应该和自己的孩子就时间规划进行商谈并立下规矩：确定什么时候做什么事。一旦双方制订了计划，绝对不能轻易变动，让孩子养成慎重做决定的习惯。

如果出现现行的计划与实际状况不匹配的情况，家长需要跟孩子一起分析和讨论是否需要对计划进行调整和修订。计划的调整和修订需要在正式的情境下进行，一方面让孩子明白“计划的设定和修改不是随意的”，另一方面也让孩子知道“计划不如变化快”“有时不得不因为外界情况改变自己”。

在计划的设定和修改过程中，家长一定要注意让孩子感受到“自己的决定与自己的生活息息相关”，并从中获得改善自己的生活和决定自己生活方式的能力；在不造成重大后果的前提下，尽可能地给孩子更多的自我控制权。从小培养孩子对自己生活的“控制感”，能够让孩子在未来的学习生活中有更多的积极性和自主性。这是培养孩子“我学习是为了我自己”的重要方法。

心理博士对老师说

教师对学生的时间管理教育在学校生活中可能更多地体现在“上一节课”“完成一张试卷”“完成一道题”等这种较直观的、具体的时间管理项目上。当学生放学回家后，在课余时间的学习规划上，教师可以做哪些辅助性工作呢？

教师可以通过家长会、家访等多种家校沟通的方式让家长明白孩子自主管理时间的意义和价值。其实很多时候孩子的焦虑都来源于家长的焦虑。比如，和其他孩子相比，担心自己的孩子做的课后练习不够多；自己的孩子在玩耍，别人的孩子在学习……家长应该树立关于课后练习和课后辅导的正确观念：课后练习和课后辅导只是正常的学校教学的一个补充，只有在学生学有余力或是无法跟上学校学习的节奏时，课后练习和课后辅导才有意义，需要根据学生的实际情况限定一个合适的量，并不是多多益善。同时还需要向孩子保证完成了家庭作业和课后练习之后剩下的时间都由孩子自己自由支配。

学不好数学不是你的错

生活小剧场

“这回我又考了个100分，小西，你考了多少?”乐乐骄傲地与小西谈起了这次数学考试。小西觉得有点委屈，这次半期考试的题目有点难，即使复习了很久，还是考得一塌糊涂。小西低落的情绪被来接小西回家的妈妈悉数看在眼里，“怎么了，是没有考好吗?”妈妈试探性地问着。“对啊，还是被数学这个‘大魔王’击垮了，我是不是不管怎么努力都学不好数学啊?”小西鼻子一酸，眼泪差点掉下来。妈妈拍拍小西的头，轻声说：“小西，你要知道，每个人擅长的东西都不一样，你看你的语文多好呀，你还是语文课代表呢，妈妈经常为你感到骄傲呢。这次数学是没有考好，但一次成绩的不理想并不会否定你所有的付出；如果你坚持去做了该做的事却没有一个好结果，那么妈妈认为错不在你。数学是很难学，妈妈作为过来人深有体会。所以真的不怪你，况且你有尝试去抓住变得更好的可能性，这一点妈妈也深深佩服。别气馁，尽力就好，我们小西最棒了!”听着妈妈宽慰的话语，小西终于露出了笑容。

心理小百科

加德纳的多元智力理论中提到九种不同的智力结构：语言智能、数理逻辑智能、空间智能、身体运动智能、音乐智能、人际交往智能、内省智能、自然探索智能和存在智能。每个人的智力成分是不同的，因此我们擅长的领域也不同。

小学是学生学习生涯中打好地基的重要时期。偏科就好像楼层倾斜，会使我们未来的发展空间大打折扣。找到偏科背后直接的或间接的原因是解决偏科问题的关键。

心钥匙

我们可能会发现跟别人相比，有许多不如别人的地方。有时候，别人很轻松就能掌握的东西我们却很难掌握。每个人都有自己擅长和不擅长的地方。遇到自己不擅长的部分，我们不必难过、伤心，而是需要加倍努力地学习，用更多的时间和付出去追赶他人。

也许你的数理推理能力不好，但你有惊人的记忆力；也许你没有音乐、绘画的才能，但你拥有强健的体魄；又或许你不善于人际交往，但却能熟练地掌握语言。找到你所擅长的东西，并把它发扬光大吧。

心理学博士对家长说

孩子的智力成分差异决定了他们在不同科目上的表现的差异，因此孩子出现偏科现象是非常正常的。任何时刻家长都不要打击孩子，要更多地去发现孩子身上的闪光点和优势科目，更好地发挥他们的长处；同时也要教导孩子不要对弱势科目放任不管，应用更多的努力去弥补短处。

心理学博士对老师说

首先，教师要对学生偏科的情况加以鉴别。偏科分为真性偏科和假性偏科。所谓的假性偏科是指学生暂时性的偏科，比如在一两次考试中呈现出的偏科现象。如果学生长期稳定地表现出偏科，就可能是真性偏科。其次，教师的态度在一定程度上决定了学生对待弱势科目的态度。老师要鼓励学生以平常心对待所有科目，不会有人因为他们学得不好就批评指责他们。

是我的眼神出问题了吗？

生活小剧场

放学铃声一响，教室马上变得热闹起来了。收拾桌子的声音、聊天的声音、窗外传来的卖小食品的吆喝声，热闹非凡。每到这个时候，同学们的脸上都洋溢着笑容。但今天的小西却有些开心不起来，他刚刚被老师叫去谈话了，原因是小西在考试中又漏写了一道大题。老师三番五次地强调，考试要按顺序答题，答完题要好好检查，看有没有题被落下，但小西依旧犯错。老师不知道说什么好，只好叫小西去总结原因，写一篇反思报告。小西也不清楚自己为什么总是漏题。“难道是我的眼神出问题了吗？”

心理小百科

习惯是指通过重复练习或重复实践不断巩固和稳定的行为模式，即随着时间的推移而发展出来的生活方式，也就是个人的行动倾向。它是个人自由完成的行为，没有任何冲动或有意识的控制行为，其中包括社会习俗、思想、语言等。粗心是一种不好的学习习惯，长期答漏题目可能是粗心的表现。导致粗心的原因可能有：注意力缺陷、性格急躁、不重视考试等。

心钥匙

如果你老是答漏题目，就需要好好思考一下自己的答题习惯了。

是喜欢先挑简单的题来做？还是喜欢凭自己的喜好随意挑选题目来做？又或者是不会做的题目被暂时放下后，在提交试卷的时候被忘记了？或者有些题目根本就没有注意到？

按照顺序答题是最好的避免遗忘的方式。低年级的学生还可以用手指挨个指读题目。如果因为有不会回答的题目而必须跳着做时，你可以在跳过的题目上做一个标记来防止自己忘记。提交答卷前一定要记得再仔细检查一遍哟！

心理学博士对家长说

如果孩子经常出现漏题的现象，家长应有足够的耐心，不能一味地批评。和孩子一起分析答卷、发现问题的原因、找寻解决问题的办法才最有意义。

心理学博士对老师说

学生漏题的原因很多，教师要从现象看本质，从问题本质入手，与学生及时沟通，寻找妥善的处理方法。

1. 如果学生是因为不重视考试而漏题，教师要帮助学生培养正确的考试观。

2. 如果学生存在不良的答题习惯，教师需要教给学生正确、科学的答题技巧，帮助他们养成良好的答题习惯。

3. 如果学生因为粗心大意而漏题，教师就需要引导学生养成小心、谨慎的答题习惯。必要的时候，还需要求助专业机构或专业人员对学生进行注意力训练。

要不要来我的星球做客？

生活小剧场

果果怔怔地盯着作业本上的题目，感觉字串儿在打架，数字在跳舞，仿佛唯有他置身事外。直到一阵敲门声响起，“果果，这个单词又写错了，怎么回事啊？妈妈告诉你多少遍了怎么还记不住？”“还有啊，你这个字都写到田字格外面去了，怎么这么不小心啊，你这孩子！”听着妈妈的数落，果果想起自己在学校听老师讲课时，思绪动不动就飘到外太空去了，有几次老师还走到他座位边敲桌子提醒。果果觉得自己仿佛被一个透明的气泡笼罩着，里面是一个小小星球，与外界隔绝。任凭他怎样辩解，别人都面无表情地对着他，批评他粗心大意还爱找借口，果果只能在心里叫委屈。“你们愿意来我的星球做客吗？来了之后会不会对我有所改观呢？”这样想着，果果在作业本上画下一颗小星球，“welcome！”果果默念道。

心理小百科

学习障碍是学习技能发育障碍，是指智力正常的儿童在阅读、书写、拼音、表达、计算等方面的心理过程中存在一种或几种以上的特殊性障碍。这类障碍不是由智力发育迟缓、中枢神经系统疾病，视觉、听觉或情绪障碍所致，主要是源于儿童的认知功能缺陷，并以神经发育过程的生物学因素为基础，可继发或伴发行为或情绪障碍。这类障碍多见于男孩，男女比例约为4:1，主要包括特定阅读障碍、特定拼写障碍和特定计算技能障碍。

心钥匙

听不懂也学不进，只想沉浸在自己的世界，学习的苦又有谁能懂呢？不要太悲观，不要轻易放弃，就像歌里唱的，“多少人为生命在努力勇敢地走下去！”所以你也要尽快振作起来，找到适合自己的学习方法。有时候，专业的老师和机构可以助我们一臂之力。

心理学博士对家长说

造成儿童学习障碍的原因可能是儿童学习能力发展的不平衡，而父母对子女的不良教育方法和不当教育态度也是造成儿童学习障碍、影响儿童学习能力发展的重要因素。父母应该具备正确的教育观，合理调整对孩子的期望。给孩子制定的学习目标相对低一点，先易后难，循序渐进，这样孩子才能积累成功的经验，变得更好。孩子受挫时，家长应多给予言语安慰，有针对性地进行正性强化。孩子的学习障碍过于严重时，家长需寻求专业机构和专业人士的帮助。

心理学博士对老师说

当老师发现学生可能存在学习障碍时，要及时与学生家长沟通。不要简单地错误归因，伤及学生自尊心。同时，教师可以对不同类型的学习障碍的学生进行训练。

1. 特定阅读障碍。主要特征为阅读时漏字或增字，不能逐字阅读；默读时不专心；计算时位数混乱和颠倒。教师可以引导学生用手指指读，反复阅读；先从简单的材料开始，逐步提升材料难度。

2. 特定计算技能障碍。主要表现在对基本计算技巧（即加、减、乘、除）的掌握，计算时忘记进位或错位，直式计算排位错误，抄错题抄漏题，数字记忆不良等。教师可以用一些口诀或顺口溜帮助学生进行认知训练。

3. 书写困难。具有书写困难的孩子在平时的生活中用手的技巧显得相对笨拙，如不会使用筷子、握笔困难，写字时丢偏旁部首或张冠李戴。教师可以手把手地帮助学生握笔，训练学生的手部灵活性，帮助其找到正确的书写感觉。

争做课堂的掌控者

生活小剧场

“妈妈，老师今天讲的课好难懂哦，好几个知识点都没怎么听懂。”放学后，小西向妈妈抱怨，“第五章是最难的一章，老师之前跟我们讲过，果真如此啊！” “别的小朋友也像你一样觉得很难吗?”妈妈问。“乐乐感觉还好，壮壮跟我说这一章的知识和第三章有联系，他没说之前我都没发现，我看到他们书上有很多笔记，那时候老师还没讲课呢。”妈妈笑着点了点头，对小西说：“这就对了，他们能够跟上老师的思路，说明他们提前下了功夫，做了预习，并不代表他们比你更聪明。他们对章节之间的关系很了解，说明学了之后又有所温习，小西要向他们学习哦，养成好的学习习惯。”听了妈妈的话，小西若有所思地点了点头。

心理小百科

学习习惯是在学习过程中经过反复练习、形成、发展，成为一种个体需要的自动化学习行为方式，是学生综合素质发展的关键组成部分，在学生的个体发展中起着重要作用。学生自我发展的主要方式就是学习习惯的培养，学习习惯的培养对学生的性格和人格的形成起着重要作用。在可塑性很强的小学阶段，学习习惯的养成比学习成绩更重要。

心钥匙

每天完成作业后，记得留出一点时间，温习当天老师讲过的内容，再花一点时间看看明天要讲的内容。不一定要钻研得很深，只需要简单地浏览式地翻看，再思索一两个问题，带着问题去听老师讲课效果更好哦。

心理学博士对家长说

好的学习习惯需要足够的时间来养成。家长可以通过以下方式来协助孩子形成良好的学习习惯。

1. 贪玩、注意力容易被干扰，不会主动使用记忆策略等都是小学阶段的孩子的发展特点。面对孩子的成长，家长不能急于求成，更不能揠苗助长，要尊重孩子发展的规律。

2. 不要忽视对孩子细微习惯的培养，督促孩子进行预习和复习，有助于孩子更好地完成学业。

3. 支架式教育。孩子一开始不能很好地完成学习任务，家长可以从旁协助，起到支架的作用。等孩子形成稳定良好的习惯后，家长再撤去支架，把学习的自主性归还给孩子。

心理学博士对老师说

好的学习习惯，有利于激发学生学习的积极性和主动性；有利于形成良好的学习策略，提高学习效率；有利于培养学生的自主学习能力；也有利于培养学生的创新精神和创造力。教师要有意识地培养学生良好的学习习惯，引导学生自主地进行学习。

记一次响铃后的慌张停笔

生活小剧场

“这句诗怎么记不清了，天啊，快答不完了。”小西抬眼看了看教室的钟表，只有三分钟了。眼看考试时间所剩无几，小西心里慌张极了，“怎么办？怎么办？作文太浪费时间了，下次可不能先打草稿了……一分钟……随便写一句吧，别空着……”“丁零零”，考试结束，在小西落下最后一笔的时候，自己甚至都不知道在写什么。阅读的两个小问和一整道纠错题都还没做。他已经记不清自己有多少次没有答完试卷了。小西失落地计算着扣分，深深地叹了一口气，心想下次的答题顺序和时间可要安排好，吸取教训，不能像往常一样答不完题了。

心理小百科

奥地利学者洛伦兹认为，个体形成某种能力或习得某项技能的最佳时期为关键期。而小学是学生形成良好学习习惯，培养学习能力的关键期。学生在小学阶段掌握正确的考试方法，养成良好的考试习惯，培养较强的考试能力，对他们今后的学习和职业发展非常重要。影响小学生答卷速度和正确率的因素主要有知识点掌握因素、性格因素、时间分配因素等。

心钥匙

你是否也和小西一样总是不能在规定时间内答完试题？其实答试

卷是有技巧的。比如：答卷前先应该整体浏览一遍，给自己积极的自我暗示；答题遵照先易后难、先熟后生的原则；遇到难题不要花费太长时间，不会的先跳过。答完试卷之后再回过头来思考难题；答题结束后应该仔细检查试卷，尽量不留空白。

心理学博士对家长说

如果孩子答题慢，总是做不完题，家长可以：

1. 引导孩子反思自己的问题。知识是否掌握牢固？有没有太过于注重细节？找到答题慢的原因才能够对症下药。

2. 不要盲目批评答题慢的孩子，应当跟他们一起去分析答题过程，引导他们去寻找适合自己的答题节奏。

3. 多给孩子一些鼓励，如果孩子做得好或有进步可以适当给予一些奖励。

心理学博士对老师说

老师可以教给学生一些科学的答题技巧。

1. 考前保证睡眠充足，不要喝太多水，也不要乱吃东西。

2. 拿到试题后花两三分钟快速浏览试卷，确定自己的答题思路。

3. 答题时仔细阅读题目，确认理解清楚后再答题。

4. 遇到无法解决的问题时可以先跳过，不要在一道题上浪费过多的时间。

除此之外，教师还要和学生沟通，一对一地分析学生考卷，调整答题策略，以求更合理地作答，取得更理想的成绩。

我是不是永远都考不好了？

生活小剧场①

小西一直很认真学习，老师以前总会摸着他的头表扬他，告诉他：只要坚持努力，总有一天能取得好成绩。老师还告诉他，路要一步一步走，心急是做不好事情的。但这学期很多题都变难了。小西真的已经学得很认真了，可就是考不好，老师也不会像以前那样摸他的头鼓励他了。小西经常都会这样想：“老师是要放弃我了吗？我是不是永远都考不好了？我的努力是没有意义的吗？”

生活小剧场②

壮壮喜欢打球，和同学一起打球让壮壮觉得很开心，在运动会上为班级增光添彩的感觉更让他觉得很棒。但是在学习上，壮壮从来都不是老师和同学口中的“好学生”。坐下来看书对壮壮来说太困难了！壮壮一心只想到教室外跑跑跳跳，坐在教室对他简直就是一种折磨。老师和家长总是跟他说：“不好好学习，未来是没有前途的。”可学习真的好难！看着自己考试的分数越来越低，壮壮感觉自己永远都不可能考好了。

心理小百科

随着年级升高，小学生面临的学习和升学压力加重，课程难度也会随之提高，学生之间原本就存在的分数差距也会进一步拉大。同时也就意味着，孩子感受到的源自学业的失败感、无力感也会随之加强。当学生在短时间内经历了多次学业上的挫折和失败，在学习方面可能会出现自暴自弃的情况，进而产生学业习得性无助。

心钥匙

你是否正在为成绩的落后而感到痛苦？你是否一直坚持努力学习但是成绩却不见起色？有没有可能是学习方法出了问题呢？要知道，学习本来就不是一件容易的事情。多请教请教同学，看看他们有没有什么更好的又适合自己的方法；多问问老师，哪怕你现在的成绩并不优秀，但老师也一定会尽力帮助你。千万不要轻易放弃哦！

心理博士对家长说

造成孩子学业习得性无助的原因大多与课业难度和失败的经历有关。而家长对孩子的要求以及家长督促孩子学习的方式不合理可能使孩子产生学业习得性无助。如果家长经常用威胁逼迫的方式将自己凌驾于孩子之上，对孩子来说，“学习”这个行为就和“被恐吓、威胁、支配”的感受绑定在一起了。长此以往，孩子自然会变得不愿意学习、态度消极、磨磨蹭蹭。那么家长要怎么做才能避免孩子产生学业习得性无助呢？

1. 适当降低预期。家长要根据孩子的实际情况对孩子提出适当的学业要求，不要因为孩子没有达到家长的预期就埋怨或责骂孩子。

2. 采取民主式的管理。不要强迫、威胁孩子完成学习任务，多与孩子进行沟通，动之以情，晓之以理。

心理博士对老师说

当发现学生存在学业习得性无助的问题时，教师要高度重视并及时采取措施。

1. 提升学生的自我效能感。教师平时要多鼓励和表扬学生，看到学生的闪光点。多给学生布置简单、易完成的学习任务，增强其自我效能感。

2. 鼓励学生多尝试各种各样的学习方法。告诉学生学习没有固定的方法，而是要在不断的尝试中去寻找合适的方法。也许这个同学用反复抄写的方式能够很好地记忆，而另一个同学则更适合熟读成诵；这个同学可能适合一对一的学生互助，那个同学可能适合自学和自我思考。永远没有最好的学习方法，只有最适合自己的。

3. 家校沟通。通过家长会等形式让家长知道学业习得性无助及其危害，让家长与孩子一起制订适合自己孩子的学习目标和学习计划，提醒家长纠正不正确的家庭教育方式。

期末考之约

生活小剧场

“小西，怎么还不睡，都快十点了，明天还要早起呢！”小西揉了揉惺忪的睡眼，妈妈柔柔的声音依稀可辨。“有点困了呢……”小西轻声说道。时间回到半个月前，小西和好朋友乐乐立下了“期末考之约”。两人对此很重视，找了一张纸，像写作文一般一笔一画地写道：“小西和乐乐期末总分低的一方请另一方吃冰激淋，不许耍赖皮，拉钩！”一想到这儿，小西伸了个懒腰，说道：“为了我的冰激淋，我的快乐，我不困，我要继续复习！”

心理小百科

上进心是奋发向上、积极进取之心，是个体的发展需求。小学生上进心理冲动指的是小学生上进心的骤然萌动和进步欲望的闪现，是他们在受教育过程中因受教育情境感染、教育活动刺激、师长或同学言行激励而闪现出的渴望进步的思想火花和振奋情绪。

心钥匙

真羡慕小西和乐乐这对好朋友，可以相互激励，共同进步。如果你也有好伙伴，也可以和他在学习上商量一些“条件”，督促双方为达目标采取行动上的努力。适当的上进心的培养会增强我们学习的动力哟！

心理学博士对家长说

孩子有上进心是值得庆贺的事，家长要对孩子进行赏识教育，关注他们进取的一面。如果孩子有好的学习伙伴，家长要对二人的友谊给予支持。同时，家长引导孩子要把握好竞争的尺度，避免孩子间过度的竞争。因为过度的竞争不但不利于进步，还会影响孩子的同伴关系。

心理学博士对老师说

在班级里成立学习小组是激发学生学习兴趣和上进心的好方法。教师应该对学生给予更多的肯定、赞赏和支持，激励学生，诱发他们的上进冲动，促使其优良品质得到巩固发扬。坚持下去，从量的积累（上进心理冲动）到质的变化（奋发向上的进取精神）将是指日可待的事情。

终于把这道困难的思考题解出来啦！

生活小剧场

“小西，干嘛呢，不一起出去玩吗？”下课铃已经打响，小西仍旧沉浸于一道难解的题目当中，不断地计算、检查，连乐乐的邀请也顾不上。此刻的小西内心很平静，专注于解题的他可以不受外界打扰。20分钟的课间说长不长，说短不短，小西想着，一定可以在上课前解出该题！“丁零零”，铃声准时响起，看着和标准答案几近相同的解题过程，小西松了一口气，露出了得意的笑容。

心理小百科

埃里克森的人格发展阶段理论将人的一生发展划分为八个阶段，与小学生相关联的主要是第四阶段——学龄期（6～12岁）。埃里克森认为，人生的每个阶段都会有一对矛盾的发展任务，而学龄期的儿童主要处于勤奋对自卑的任务发展阶段。处于这一阶段的儿童的主要任务是发展勤奋感，如果勤奋感没有形成就会产生自卑感。儿童从幼儿园进入小学，学习成了发展勤奋感的重要载体，如果这一时期的冲突解决不了，儿童就不会形成勤奋感。

心钥匙

如果遇到一道困难的题目，我们需要放轻松，先吸一口气，再将其缓缓吐出。不要着急，相信自己一定可以解出正确答案！如果实在解不出来也不要气馁，你可以寻求老师和同学的帮助，相信下次一定能做得更好。

心理学博士对家长说

家长要帮助学龄期的孩子建立勤奋感，克服自卑感。当孩子表现出解决困难的决心时，家长要给予鼓励和支持。如果孩子完成得好，可以给予一定的奖励；如果遇到困难，要及时地提供帮助。另外，注意让孩子劳逸结合，过度学习效率反而不高。

心理学博士对老师说

学校是训练儿童适应社会、掌握今后生活所必需的知识和技能的地方。如果学生能够顺利地完成课程学习，就会获得勤奋感，使他们在今后的独立生活和工作中充满信心；反之，就会产生自卑感。教师可以针对埃里克森的人格发展阶段理论和学生的发展特点对学生进行引导和教育，帮助学生更好地发展。

原来学习不止于书本

生活小剧场

小西今天很兴奋。因为学校组织春游，其中有一个项目让小西喜欢得不得了——参观博物馆。平日里，小西就特别喜欢历史老师讲述的历史事件，好奇不同年代的风土人情。在拿到班主任发放的春游日程表后，小西激动得好几天晚上都没睡好觉。课间也总和小伙伴念念叨叨，就连在家里吃最不喜欢的青菜时都是一脸笑意。春游这天，带着这段时间的期待和积攒的好心情，小西和同学们坐校车来到了博物馆。馆里的展厅很大，展品种类繁多。讲解员学识渊博，谈吐有度，偶尔遇到有人提问都会笑盈盈地解答。这正是小西向往的模样。小西暗下决心，以后也要做一个这样的职业讲解员，给别人普及自己喜爱的知识。小西还和同学们去看了博物馆里的电影，主题是科技进步和未来畅想。小西盯着硕大的荧幕，心里翻涌着期待与愉悦。原来知识不止来源于书本，知识真是无处不在！

心理小百科

课外活动是课堂教学的必要补充，是丰富学生精神生活的重要组成部分。课外活动可以让学生将学到的知识运用到实践中，还可以学到一些书本上没有的知识，对小学生的身心发展具有重要意义。心理学家安娜·弗洛伊德认为小学时期的孩子处于“潜伏期”。这个时期，他们的精力主要聚焦于学习，可通过体育活动、艺术创作等课外活动让这个阶段的孩子的多余精力得到释放和升华。

心钥匙

你最喜欢哪一种学习方式呢？随着科技的发展，学习的形式越来越多元化，我们汲取知识的渠道更是丰富多样。我们要找到自己喜欢的学习方式，在课堂学习之余用自己喜欢的方式去学习知识，提升自己。

心理学博士对家长说

课本知识固然重要，但课外活动也不可缺少。家长要允许和鼓励孩子以不同的方式接受知识，而不是一味地“死读书”。

1. 参与到孩子的活动中，陪孩子一起成长。尽量不要缺席孩子的班级亲子活动和其他课余活动。

2. 多带孩子出去走走。无论是去公园还是爬山，甚至只是去逛逛街，都能让孩子学到很多在学校学不到的知识。

心理学博士对老师说

课外活动作为教育途径中一条十分重要的方式，在人的身心发展中有重要的意义和作用。在课外活动中，教师可以对学生进行思想政治教育，锻炼学生的体育能力，培养学生的生活技能，丰富学生的精神生活……

教师要秉持开放的观念，不给学生布置过多的书面作业，让他们有时间去做一些别的事情，接受多样化的知识。

问题的答案可不止一个

生活小剧场

“大家看一下黑板，这个像什么？”李老师指着黑板上的图案问大家。“呼啦圈！”“太阳！”“明明是月饼。”“这个好像我妈妈的耳环！”“难道不像我们吃饭的盘子吗？”李老师笑意盈盈地反问大家。“像！”小西大声地回答道。大家的答案五花八门，教室里一团热闹。“好啦好啦，大家安静！”经过了一番热烈的讨论，李老师比画了一个暂停手势。“之所以我们今天在讲课前做这个互动小游戏，是因为小西昨天到办公室跟我探讨了一道我讲过的作业题。小西觉得我讲的方法是对的，但他自己想出来的方法也没错。所以，我想告诉大家，有时候问题的答案确实不止一个。就像黑板上这个普普通通的圆，在你们每个人的眼中都有不同的答案。正所谓‘一千个读者就有一千个哈姆雷特’。如果你们用不同的方法得出了同样的答案，大家不要怀疑自己。你们也有无限的可能！”台下响起一片赞同的掌声，小西也开心地笑了。

心理小百科

创新思维也叫作“创造性思维”，是发散思维、聚合思维和联想思维三个维度的结合与运用。它能使个体对问题获得新的解答，创造出新颖、有价值的产品。小学生的思维活跃，对新事物充满好奇，思维能力具有很强的可塑性。同时，小学时期的课外时间相对充裕，因此这个时期是培养青少年创新思维的关键时期。小学生创造性思维的发展将为他们今后的综合发展奠定良好的基础。

心钥匙

这个世界上的很多问题都没有所谓的标准答案。所以我们遇到问题要多方面思考，不要被条条框框限制得太死，跳出这些束缚，尝试去探索“不一样”的答案，你会看到更加辽阔的世界！

心理学博士对家长说

良好的家庭教育是培养孩子创造力的摇篮。家长要：

1. 不随便给孩子设置条条框框，鼓励孩子的创新意识，尊重孩子的观点，让他们能够自由地表达。

2. 采取民主的教养方式。民主的家庭氛围能够最大化地激发孩子的创新意识。

3. 强化孩子的创新行为。当孩子有创新表现时，家长要给予鼓励和奖赏，提升孩子再次创新的兴趣和可能性。

心理学博士对老师说

教师可以从环境创设和个性培养两个方面来提升学生的创造力。

（一）环境创设

1. 创设宽松的心理环境。教师应给学生创造一个较为宽松的学习环境，让学生感受到“心理安全”和“心理自由”。

2. 开辟放空的空间和时间。留给学生充足的时间和空间，让他们有机会独立思考，干一些自己想干的事，从事一些具有独创性的活动，为创造性思维的产生提供机会。

3. 增加题目的灵活度。死记硬背的知识点不利于学生发挥创造力，教师可以通过需要更多发散性思维的题目来激发学生的创造力。

（二）个性培养

1. 不限制学生的自由联想，鼓励学生去发现“标准答案”之外的答案。“问题的答案不止一个，所以无关对错”，一句肯定对培养他们的创造力意义重大。

2. 保护学生的好奇心。好奇心能促使学生对创造性活动保持浓厚的兴趣，从而使其更乐意从事创造性活动。对学生提出的任何奇特问题，都应给予鼓励和赞赏，不应忽视或讥讽。

3. 在学校给学生树立具有创造性的榜样，让学生们感受到学校和社会对创造力的欣赏。

第三章

自我意识与自我评价

我是不是不好看？

生活小剧场

小西所在的班级不知道从什么时候开始，出现了“最好看的十个同学”这样一个名单。小西自然也知道这个名单的存在。但是有一个问题困扰了小西很久——为什么名单上没有自己的名字？

是自己长得不好看吗？

从那以后，小西家里洗漱间里的那面镜子就成了小西的“头号大敌”。每次看镜子里的自己总觉得“这个人为什么这么丑？”有时候一照镜子就好几十分钟，越看越不顺眼。这种不顺眼也渐渐地影响到了小西的其他方面。

心理小百科

小学阶段的儿童逐渐开始进入青春期，身体方面的变化会让他们越来越关注自己的外貌。这种自我关注是青春期的孩子普遍存在的特点。这个时期的孩子由于性意识的萌发和对自身的过度关注，有时会对自身的外貌产生怀疑或感到不满。这种偶发性的想法是很正常的。但是如果这种想法经常出现，比如在很长一段时间内，平均每天考虑自己相貌的时间超过一个小时，并且对自身的社交与生活产生了不良影响，那就要考虑是不是“幻丑症”了。幻丑症属于疑病症的一种，又名美丽强迫症、体相障碍、躯体变形障碍、容貌焦虑，是指外貌正常者想象自己的外貌有缺陷，或对轻微的躯体毛病过度担心。同时，部分个体还存在“代理人幻丑症”，也就是为别人的外貌感到痛苦。

心钥匙

如果某天，你开始发现自己的长相“并不让自己满意”，首先要恭喜你！这可是一个好消息哟！这意味着你开始慢慢长大了，开始准备认识自己了！每个人的长相都是独一无二的，过上一段时间你就会坦然接受自己的长相。但是如果你一直都为自己的外貌感到痛苦，甚至无法正常学习和生活，那么接下来你应该去找你的爸爸妈妈，寻求他们的帮助，告诉他们“你觉得自己长得不是很好看应该怎么办”。如果他们也显得手足无措，你可以寻求老师和同学们的帮助。或者和他们一起玩“我的五官朋友”这个小游戏（游戏内容见本节“心理学博士对家长说”）。

如果你开始因为自己的外貌感到“不愿出门”“不想交新朋友”“出现了种种负面情绪”，那么你可能要考虑去见见专业的心理老师，让心理老师来帮助你。

心理学博士对家长说

某一段时间，你突然发现自己的孩子老在照镜子。大部分情况下，这是一件好事——孩子开始从自己的外表认识自己，这是孩子心理发展的一个小小的里程碑。但如果你发现自己的孩子每天照镜子的时间“过长”，同时还伴有不愿出门、情绪低落、对什么事情都提不起劲，那你就要注意孩子是否存在幻丑症了。幻丑症会给孩子带来痛苦、焦虑、抑郁、愤怒、嫉妒、失望和羞耻，甚至带来生活学习、人际关系上的困难。这个时候，孩子就需要你的帮助了。

1. 帮助孩子正确认知自己的长相。你可以和孩子一起玩一个游戏，让孩子给他的五官分别取一个自己喜欢的名字，比如眼睛就叫“小艾”，每天晚上睡觉前让孩子给他的“五官朋友”打招呼、谢谢它今天的辛苦工作以分散孩子对自己外貌的整体消极感知，变成对单个器官功能的感知。家长还可以加入“保护视力”等观念，告诉孩子

“这个世界的美好事物还需要‘小艾’的帮忙，所以现在得好好保护眼睛”。

2. 找到孩子容貌焦虑的原因。如果孩子对自己的长相不自信或不满意，家长要及时和孩子沟通，了解背后的原因。如果孩子是因为外貌的原因遭受了校园欺凌，那么你应该先解决欺凌事件，之后再告诉孩子错误并不在他。

3. 培养孩子正确的审美和自我接纳。和孩子一起探索他现在就具备的能力、优点和长处，培养孩子正确的审美观，拓展孩子对美好的认知；还可以通过故事、绘画、游戏、看电影等方式培养孩子对美的正确认知和对自我的接纳。

心理学博士对老师说

小学阶段的孩子处于自我意识的膨胀阶段，很少会有孩子在这个阶段因为自己的外貌而感到痛苦。作为老师，要及时了解学生在学校里表现出来的对美的追求和对美丑的评判；及时阻止班级内盲目比较同学长相的风气，引导学生树立正确的审美观；同时，教师自己也不要随意评价学生的长相，做到尊重学生，关爱学生。

胖嘟嘟的烦恼

生活小剧场

“丁零零”，上课铃响了。小西和身边的同学端端正正地坐在座位上等着上课。李老师走了进来，她的旁边还有个戴眼镜的陌生小男孩。

小西仔细地观察着这个小男孩，他胖胖的、矮矮的，局促不安地站在讲台上。李老师在讲台上站定后，伸出细长的右手推了推眼镜，向全班宣布：“同学们，这位是我们班新转来的同学——小丁，以后小丁同学就正式加入我们这个大家庭了，大家鼓掌欢迎他！”

在一片热烈的掌声中，有个声音格外地刺耳：“欢迎小胖同学加入我们班级！”原来是班上的“淘气包”壮壮。

同学们顿时哄堂大笑，小丁原本就红扑扑的脸更加红了，他害羞地低下了头。

心理小百科

儿童肥胖症是指儿童体内脂肪积聚过多，体重超过以身高计算的平均标准体重的20%，或者超过以年龄计算的平均标准体重的两个标准差以上。在现代社会中，肥胖在儿童中越来越普遍。肥胖除了容易给儿童带来一系列生理上的并发症，还容易引发儿童对自己身材的焦虑，进而导致厌食症、暴食症等。

世界上没有两片一模一样的叶子，我们每个人也都有不同的身材。家族遗传、疾病、不良的饮食习惯、不正确的生活方式等许多因素都可能会造成身体的肥胖。

心钥匙

每个人的身材和长相都是爸爸妈妈给予的，每个人都是独一无二的！有的高、有的矮、有的胖、有的瘦……也正是这些特点成就了独一无二的我们，形成了多姿多彩的世界。每个人都是独特的，我们应该接纳和感谢这份独特，不能因为对外貌的不满意而陷入自卑的泥潭。一个人的美丑不仅取决于外貌，更取决于他的内心、行为举止、礼貌修养……另外，随便取笑别人外貌的做法也是非常不礼貌的，不值得提倡。

虽然肥胖不是我们的错，但是在一定程度上也给我们带来了很多的烦恼。上体育课的时候，跟其他同学们相比，体型偏胖的同学明显在运动方面更加吃力，因为我们的身体要承受更大的负重，一运动也更容易出汗。科学研究发现，肥胖的人更容易生病。那么，为了更加健康地生活，我们也可以改变我们的生活方式：控制高热量的饮食，多运动，多吃一些少脂肪、少油腻的食物，多吃蔬菜，争取从“胖嘟嘟”变成“瘦高高”。

心理学博士对家长说

随着经济水平的提高，物质条件的丰富，孩子们的营养摄入极大地过剩。家长们在疼爱孩子的同时，也要注意控制对孩子爱的表达方式。经常性地给孩子吃大鱼大肉的食物，不但会导致孩子的体重增长过快，同时也可能会给孩子造成消化负担加重、提前发育、免疫力下降等不良的影响。合理地为孩子制定健康丰富的营养餐，帮助孩子养成健康的生活、运动习惯才是真正爱孩子的表现。

心理学博士对老师说

在学校和班级里，肥胖的学生往往更容易被同学们排挤、奚落。对体型特殊的孩子的偏见和孤立行为也是校园暴力的一种形式。

作为教师，应该及时了解并纠正学生间的欺凌行为。当学生中出现类似的情况时，应该及时通过班会的形式跟同学们一起讨论。教师要及时对学生进行正确的观念引导，消除同学之间的歧视和排挤；禁止学生之间起侮辱性的外号，一旦发现，一定要严肃处理。

不要光凭外表来评价我

生活小剧场

六一儿童节文艺会演的时间就要到了，壮壮的班级需要出一个王子和公主的舞台剧表演节目。班主任老师鼓励大家上台展现自己。于是壮壮上台推荐了自己，希望能演王子。在大家的窃窃私语声中，壮壮隐约听见了一些对自己不太友好的言论。“你看他穿的衣服好难看好土，这怎么能演王子呢?”“你看，他的额头上有一块黑乎乎的东西。”“壮壮长得不好看，还不如让乐乐来演王子……”壮壮在不经意间，听见了这些“刺耳”的言论，心里十分难过。壮壮一言不发，害怕看见别人的眼神，觉得十分伤心和尴尬。班主任老师发现后立刻教育了这些同学：“孩子们，我们不应该凭外表来评价任何一个人。”尽管老师为自己说了话，并且那些同学也跟壮壮道了歉，但壮壮还是因为自己的外表而陷入了深深的自卑和难过。

心理小百科

在日常生活中，我们可能会经常因为容貌、体型、打扮等外表特点被别人评价，同时也会从这些角度来进行自我评价。个体对自己身体形态的认识和评价叫作“身体意象”，即体象。青少年儿童关于容貌和体型焦虑的方式多种多样，而肥胖焦虑和身体部位焦虑是青少年阶段的孩子常常焦虑的问题。

适度的外表评价有助于我们更客观地了解和认知自己，也可能会让自己变得更加自信；而不恰当、过度的外表评价则会导致我们产生多种多样的焦虑和困扰。过度地对自己的外表进行不恰当的评价会造成许多不良影响。比如，自卑、自我评价过低、同伴关系适应和学校适应性下降等；严重的还会造成诸如夸大身体的缺陷和不足以及过度关注身体等体象方面的认知障碍，进而产生社会焦虑情绪和抑郁情绪，给自己的心理带来更多的痛苦。

心钥匙

如果我们对自己的外貌感到不满意并且希望自己有一个更好的仪表形象，那就说明我们对自己有更多的关注和期望。想让自己变得更好的想法是很棒的呢！那么怎么样才能让自己变得更好呢？

1. 首先要搞清楚我们不喜欢自己的长相的原因。其实许多时候我们不满意自己的外表的原因不一定是真的觉得自己长得不好，而可能是遇到了什么麻烦。是被他人负性评价了？还是发生了什么事情？

2. 在我们找到了不喜欢自己外表的原因之后需要再仔细想一想，真的就是这个原因吗？比如你经常哭，嘴角就会塌；比如你总生气，脸蛋就会变得不那么可爱；比如你心眼小，再好看的脸看着也很让人不敢亲近。如果你善良、关心同学，那你一定眉目带笑，让人愿意接近。

3. 我们应该对审美有一个全面的认识。外貌固然重要，但是人们对美的定义和评价标准却是多种多样的。干净整洁的打扮、良好的卫生习惯、干净清爽的感觉等都能让人产生美的感受，同时积极地参与运动也有利于我们保持身形的健美和饱满的精神状态。

4. 其实当一个人有某些美好的心理品质或是独特的能力时，人们根本没心思关注其外表，他们只看得到他炫彩夺目的光环。与外表的美丽相比，更重要的是一个人的能力、气质、品质。我们更应该在这些方面提升自己，外貌不应该成为你成长中的困扰。希望你成为一个自信并且能够自我欣赏的人，那样的你才是最美的。

心理学博士对家长说

研究表明，亲子关系的和睦有利于缓解孩子的外表焦虑。良好的亲子关系能够提升孩子的自尊水平，提升其自我评价水平和耐挫力。家长可以通过以下方式来帮助孩子缓解容貌焦虑。

1. 在日常生活中应多多鼓励孩子，不要吝啬自己的赞美，真挚地夸赞孩子身上的美好品质。

2. 适当鼓励孩子通过保持干净卫生、规律作息的方式改善自己的气质和形象，但更应强调注重内在美的提升，培养孩子的良好品质。

3. 告诉孩子不要随便地评论别人的相貌，这是一种不尊重他人、不礼貌的行为，并且会给别人造成巨大的伤害。

心理学博士对老师说

当下网络普及越来越低龄化，大众信息传播无处不在，大众的容貌焦虑也越来越普遍。当学生表现出对自己的外表不喜欢的时候，学校和老师应引起重视，并给予及时的引导，避免孩子受到极端的外貌文化的影响。

1. 重视对学生审美的指导。帮助其树立正确的审美观，掌握健康审美标准，避免受某些大众媒体宣扬的严苛甚至扭曲的审美标准的负面影响。

2. 注重学生内在积极品质的培养。引导学生从个人品质、修养方面去看待他人。

3. 加强学生家长亲子教育。引导家长调整家庭功能，为学生营造良好的家庭生态环境。同时借助专业人员的帮助对学生的情绪困惑与心理问题给予个性化疏导，以提高其自尊水平和自我认知能力。

我可以相信自己吗?

生活小剧场

小西的运动灵活性和协调性不太好，集体竞技类的活动对小西来说真的非常困难。虽然老师一直鼓励他，他的朋友也告诉他失败没什么，下一次努力就好，但是小西却总是为自己经常在班级体育活动中拖大家的后腿而自责不已。一想到可能有人在背后笑话他，他就更觉得痛苦。他还担心老师把他在学校的丑态给爸妈说，那样的话他在家里也抬不起头了。小西越来越觉得自己很笨，变得这里也担心那里也害怕；有时候一个人在家练习时能完成的项目，到了同学面前也不会做了。小西心里很担心："这样下去我的朋友也会疏远我，再也不会和我玩了吧？我真的可以相信自己吗？"

心理小百科

自信其实就是自我效能感，是个体对自身能否完成某项任务的主观判断。当一个人缺乏自信的时候往往就会导致自卑。自卑是我们认识到自己的弱小、无能甚至低劣的时候，对待外界的一种消极心态。自卑是一种常见的心理状态，很多人在遭遇挫败的时候都可能出现。适度的自卑可以产生成就需要，进而转化为奋发向上的动力。过度的自卑则会影响我们的身心健康，不利于人的正常发展。一般来说，学生时代造成自卑的原因大致有：家庭环境、心理和生理缺陷、重大挫折、社会环境等。

心钥匙

每个人的心理能量都是有限的，自卑会不断消耗我们内心的能量。当我们将注意力集中在自己的不足和缺陷上时，我们就会陷入自卑的怪圈。世界上没有两片一模一样的叶子，每个人都有自己的优点和缺点。当我们将注意力从自己的不足和缺陷上转移到我们的优势和闪光点时，你会发现世界变得比以前更五彩斑斓！如果有时仅靠自己的力量很难解决自卑的问题，那么这时往往需要通过寻求社会支持来给我们“赋能”。我们可以去寻求朋友、老师和家长，甚至是专业心理老师的帮助。

心理学博士对家长说

造成孩子自卑的原因是多方面的。过高的要求、和别的家庭相比较差的家境、家庭成员之间的关系和家庭氛围、心理或生理缺陷都可能导致孩子的自卑。自卑往往是多种因素综合影响的结果。作为家长，你需要在日常生活中：

1. 帮助孩子树立正确的价值观。一个人的能力不是他的家境决定的，而在于他自身努力的程度。

2. 不盲目比较。父母之间相互攀比孩子是很常见的现象，但也很容易对孩子造成创伤。无论孩子表现得好坏，父母应该谨慎当着孩子的面将孩子与其他人进行比较。

3. 尊重孩子实际。正确对待孩子身上可能存在的问题和缺陷，不急躁、不过度反应，根据孩子的实际情况对孩子的学业和其他相关方面提出要求。

心理博士对老师说

小学阶段，学生的情感和意志都比较脆弱，一旦经受打击很容易自卑。防止学生产生自卑情绪是教师工作的一大重点。

1. 多和情绪敏感、心思细腻的同学谈心。布置“我想对老师说”

这样的作业并向孩子们保证会保守秘密，通过这样的方法来了解学生的内心世界。

2. 意识到教师的身份对小学阶段儿童的心理影响的重要性。与孩子交流时注意方式方法，一定要小心，因为自己的无意之举会对孩子造成伤害。

3. 加强挫折教育。让孩子明白出现错误是正常且能够被接受的，提升学生的心理韧性。

4. 引导家长树立良好的家庭教育观念。让家长了解什么是习得性无助，重视自卑的不良影响。

我是不是全世界最重要、最正确的？

生活小剧场

小西一边走一边将脚下的小石头踢飞。他眉头皱皱的，好像有些不开心，脑海里一直浮现着刚才发生的事情……

时间回到今天下午，小西、乐乐和壮壮正在一起玩反手抓石子的游戏。小西今天玩游戏特别厉害，一连打了四局胜仗！正当小西撸起袖子，准备再大干一场的时候，一个足球“嗖”地飞到了他们这里。乐乐一下子站起来，做好了踢球的姿势，壮壮也跟着站了起来，一个横踢，足球被壮壮一下子踢进了球门！

壮壮激动得一边蹦，一边得意地说：“哈哈哈哈！我厉不厉害？”

可乐乐却有些生气地说：“壮壮！干吗抢我的球？”

壮壮把手搭在乐乐的肩膀上对乐乐说：“哎呀，乐乐对不起，刚才我太激动了。要不我们一起去踢足球吧！”

小西不情愿地说：“可是我想继续玩抓石子，而且我觉得踢足球一点也不好玩。”

乐乐跃跃欲试地在原地跑着，开心地说：“我同意！我现在特别想动起来、跑起来！”

小西嘟着嘴巴，很不开心地说：“我不想踢球！”

乐乐却开心地说：“我很想踢足球！壮壮，那我们一起走吧！”

于是，乐乐和壮壮开心地去踢足球了，留下小西一个人孤零零地待在原地……小西觉得自己被忽视了，委屈地哭了起来，嘴里还一直嘟囔着："足球一点都不好玩，乐乐和壮壮为什么要去玩足球？"

心理小百科

心理学家皮亚杰指出，处于幼儿阶段（2～7岁）的个体普遍有一个心理特点——自我中心性。所谓自我中心性就是指站在自己的角度去考虑问题，只从自己的视角去观察、感受这个世界，却不知道其实其他人眼中的世界跟自己眼中的世界是不一样的。低年级的小学儿童自我中心性比较明显，随年龄的增加会逐渐消退。

心钥匙

世界虽然只有一个，但是你看到的这个世界是一个样子，我看这个世界又是另一个样子。所以，小伙伴和你感知与思考的东西可能是不一样的。当你遇到了跟你想法不一样的小伙伴时，恭喜你，你很幸运哟！为什么呢？因为你可能会感受到小伙伴没有感受到的东西；同时，小伙伴也能感受到你没有感受到的东西。如果你详细地问问小伙伴的想法，你就能知道关于这个世界的更多秘密啦！

所以，当有人和你想法不一样时，问问自己："如果我是那个人，我会怎么想呢？"接下来你再问问他："你是怎么想的呢？"

心理学博士对家长说

自我中心和去自我中心是孩子心理发展过程中必然经历的阶段。生活中如果发现孩子出现不愿意分享、唯我独尊、不愿意接受别人的想法、自尊心过强或是有明显的嫉妒心等现象时，可以看看孩子是否具有自我中心的特点。

如何有效地帮助孩子去自我中心呢？心理学博士告诉你以下方法。

1. 有意识地把孩子视为与其他家庭成员平等的个体。在家里孩子没有特权，父母长辈与孩子一样也有需求。这样可以让孩子意识到自己作为独立个体的存在的同时，也能看到他人的存在。

2. 及时地引导孩子换位思考。通过平常发生的生活事件，让孩子学会站在他人的角度来理解他人。

3. 不要过度保护、封闭孩子。要给孩子和其他小伙伴玩耍的时间，让孩子在和他人游戏相处的时间里，体验成功与失败，体验与他人合作的意义，领悟自己与他人的存在。

4. 引导孩子换位思考的同时要以身作则。在面对孩子的问题时，站在孩子的角度来考虑问题。

心理学博士对老师说

对孩子来说，家和学校是他们目前最主要的活动场所。在家里，家长影响着孩子；在学校，老师同样影响着孩子。因此，两方主要影响人之间应该积极沟通，家长与老师之间的配合会使对孩子的教育事半功倍。

我为什么啥都做不好？

生活小剧场

“小西，这道题你又做错了，可不可以仔细点啊？”小西妈妈说道。听到妈妈的话，小西回想起这些天来，总是听到这类似的话语。“小西，因为你没有勇敢地展示自己，我们小组的排名又是倒数。”“小西，我上次叫你帮我检查课后作业，你好像又忘记了。”小西想着想着，陷入了自我怀疑与自我批判中：“我似乎总是什么都做不好？妈妈说的那道题，只要细心一点，我就不会错；要是上次小组展示我再大胆一点，自信一点，我们小组的分也不会那么低了；假如我没有忘记给那个同学检查课后习题，他也不会被老师批评了。”此刻小西的内心几乎是崩溃的，陷入了“为什么，我总是什么都做不好”的漩涡中。但小西是真的什么都做不好吗？

心理小百科

心理学家塞利格曼在1976年提出“习得性无助”：一个人在持续的打击下容易产生无助的感觉，即使在面对新的事物和场景时，他仍然会保持这种失败的“无助感”，从而放弃尝试和努力。习得性无助不仅不利于人的成长和发展，而且可能会使人产生抑郁情绪，甚至导致抑郁症的产生。

我们为什么会感受到无助呢？那些经常习得性无助的人，往往在对事件的归因方式上存在问题。归因，就是人对自己和他人行为原因做出解释和推论。归因方式可分为内部归因和外部归因两种。如果我们把一个结果，例如考试取得了好成绩，归因为我们努力学习，那么这就是内部归因；如果我们归因为考试试题太简单，那么这就是外部归因。习得性无助的人，习惯于将坏的结果归因于自己（内部归因），造成自我否定，进而产生无助绝望等负面消极的情绪。

心钥匙

在生活中，很多人都可能成为那个习得性无助的人。曾经失败、伤心的经历，他人不好的言论，都像挥之不去的阴影，仿佛一直在对自己说："我不够好，我不行。"

其实你并不是真的啥都做不了、做不好，你应该试着找回自信。

1. 遇到失败不气馁。失败只是暂时的。失败的原因也许不像我们想象的那样不可改变。不要轻易跟自己说"不"，要给自己更多尝试的机会。

2. 认真对待你要做的事情，找到更多的方法解决问题。一个办法行不通，换换别的办法。现在解决不了不代表未来也解决不了；现在觉得有难度，不代表未来也觉得有难度。要坚信，办法总比问题多。

3. 当靠自己的力量不能解决问题的时候，可以试着寻求别人的帮助。当我们实在没有思路的时候，可以看看别人怎么做的，向别人汲取经验；有时候跟家长、老师和朋友分享讨论，寻求他们的帮助，借助他们的力量也能够很好地解决问题。

心理学博士对家长说

孩子对自我的认识并不是一生下来就具备的。自我是个体在成长发展的历程中通过自身与环境的相互作用而逐步形成的。儿童的自我形成主要来自父母、老师、同伴等重要人物对他的态度。孩子会从过去的经历和经验中，不断产生并积累对自己喜欢和讨厌的感觉，最后形成自己内心比较稳定的自我认识。在孩子形成和塑造自我认识的过程中，家长要努力做到以下几点。

1. 减少批评。注意自己在日常生活中是否过多地给孩子施压，是否批评的声音多于鼓励。

2. 给孩子“赋能”。当孩子处于一种习得性无助状态时，家长应该帮助孩子对其担忧的事件和感觉无助的原因进行仔细分析，帮助其发现他们的优势以及无助感受背后的消极逻辑；在日常生活学习中，家长应给予及时的鼓励，让他不断地获得自信和勇气。

3. 帮助孩子合理降低期待，减少心理负担。有些孩子对自我要求过高，总是认为自己没做好。为了避免孩子产生过度的负面情绪，家长可以带领孩子进行自我剖析，对目标进行合理的调整。

4. 采取民主的教养方式。有研究发现，不良的家庭教养方式与孩子产生习得性无助之间存在显著相关。过于严厉的批评和过于强势的管教方式与孩子习得性无助的概率呈正相关；在民主型的家庭教养方式中长大的孩子对自己有更积极的个人评价，在问题解决的过程中也会有更多解决的方法。家长在对孩子的养育和教育的过程中，应该持续地保持觉察，反思自己的教养方式是否合适。

心理学博士对老师说

在学校，学生常常因学业问题而产生习得性无助。而导致习得性无助的原因，往往是学生不正确的归因方式。学业表现不佳的学生更容易采取内部归因方式，认为自己的能力不足。这样的归因结果往往较为稳定，也更容易损耗学生的自我效能。如何避免学生产生习得性无助呢?

1. 带领学生进行客观、合理的自我认识。帮助学生分析和发现自己的优点和缺点。在指导学生学习的过程中多发现和赞美学生的优点，完善自身的不足，帮助学生更好地完善自己。

2. 帮助学生对自己已有的归因方式进行分析，养成对结果进行合理的归因习惯。引导孩子不要片面地看待事情的结果，更不能错误地将自己提前“判死刑”。

3. 引导学生先从小的任务做起，及时看到自己的进步，并用每一次的进步来及时地激励自己，体会到自己可以做好一些事情，进而帮助个体打破无助感。

从今天起，做一个自立的人！

生活小剧场

小西的妈妈照顾小西特别用心：每天早上都会帮小西在牙刷上挤好牙膏，打好洗脸的热水；等着小西洗漱完，送上一杯温开水；平时还会帮小西叠被子、收拾衣物、打扫房间。

小西妈妈一直觉得这样做可以让小西把更多的时间放在学习上。直到某一天，她看到小西把她挤好的牙膏刮掉，自己重新挤。小西妈妈很生气，心里想："这不是在浪费时间吗？他怎么就这么不懂我的心思呢？还是说，这个时候磨蹭掉一些时间，学习的时间就可以变少？我起早贪黑是为了什么，这孩子怎么就这么不听话呢？"

小西妈妈实在气不过，没有忍住打骂了小西。小西很委屈，哭着对妈妈说："我只不过是想要做一个自立的人！这些事情我明明自己也能做好，为什么不能让我自己动手做呢？"

你觉得小西做得对吗？

心理小百科

独立意识的发展使得小学阶段的儿童开始寻求自立。此时可能会出现两种情况：一种情况是孩子想自立，家长坚持"一手包办"；另一种情况是，家长想要孩子自立但孩子偷懒不能控制自己。自立、自己做家务、完成自我管理，能够培养孩子自我实现的信念和勇气。这是一个从"家长想要我做"向"我想帮家长做"转变的过程。这个过程中需要家长、老师的帮助，并树立“什么该做、什么不该做”的观念，因为提升孩子自我管理的能力是学校、家庭、孩子本人共同努力的结果。

心钥匙

有时候，你的爸爸妈妈和老师想让你做点家务，可你却不想做这些。小朋友，你已经从幼儿期进入儿童期，意味着你在成长的道路上向前发展了一大步。进行力所能及的家务劳动不仅不会浪费你的学习时间，反而会锻炼你合理安排时间、有效解决问题的能力。父母暂时的帮助并不能持续一辈子，在长大的年纪做长大了应该做的事情是每个个体最值得骄傲的事情！

有时候，你的爸爸妈妈不想让你“过早”地把时间花在家务劳动上，但是你觉得自己应该并且也完全可以完成力所能及的事情。无论如何，你可以和爸爸妈妈聊聊，让他们知道你已经有自立的能力并且已经准备好开始变得自立了。

自立往往还意味着“自我管理”，也就是说，你还需要管理自己的时间、情绪、健康，甚至为自己设定未来一段时间的目标。虽然这是一个漫长的过程，但是既然决定了要自立，那就得做到坚持。祝你在坚持的道理上越来越有勇气，也越来越有力量！

心理学博士对家长说

对孩子来说，小学阶段就会开始变得自立。家长应该认识到在这一过程中，孩子才是主体。要时刻记住，这是孩子“精神断奶”的第一步，需要你的督促和帮助。这一步能不能走好将会决定孩子以后学习的自控力、对自我能力的肯定水平。

1. 当孩子没有很好地完成交给他的任务时，不要马上帮其代劳。静静地等待和陪伴，才会有孩子的下一次成功。

2. 家长可以通过家务活动培养孩子独立自主的思想，进而培养孩子时间管理、情绪管理、健康管理和目标设立的能力。

3. 为孩子设立一些小的、可以完成的目标。在一个又一个小目标的完成中收获快乐，培养孩子坚忍的意志，教会孩子坚持、遇到问题不放弃。

4. 当孩子遇到挑战时，鼓励孩子坦然接受失败和挫折，并学会用正确的方式发泄情绪，不给别人造成困扰。

心理学博士对老师说

一般来说，老师，尤其是班主任，都有着自己一套成体系的学生管理方法。比如，从一年级带着学生手把手地做清洁，到三四年级放权给学生干部，再到五六年级基本上可以不操心基本的清洁卫生。对处于不同阶段的学生，教师应该采取不同的教育手段。要抓住学生自我管理能力发展的关键期，在关键期内进行教育，往往可以起到事半功倍的效果。

学会尊重自己

生活小剧场

课间，小西一个人在座位上闷闷不乐，乐乐见了便过来问小西：“你怎么了？一副不开心的样子。”小西看了眼乐乐，有些丧气地说：“壮壮他们说我是笨蛋，什么都做不好，也不愿意和我玩。”乐乐听了，拍了拍小西的肩膀说：“壮壮他们也太不尊重人了。”小西又接着说：“我觉得他们说得没错，我确实是个笨蛋。”这个时候，李老师从教室外面走了进来，她走到小西面前，对他说：“小西，你可不能说自己是笨蛋哦，我们每个人都要学会尊重自己。只有尊重自己的人才会得到别人的尊重！”小西想了想，对李老师说：“我知道啦，我才不是笨蛋，我要做一个尊重自己的人。”

心理小百科

自尊是一个人基于自我评价产生和形成的一种自重、自爱、自我尊重，并要求受到他人、集体和社会尊重的情感体验。自尊源自我们对尊重的需要，在我们内心深处，存在着对自己受到尊重的向往。对我们来说，能够受到他人的接纳、认可是一件非常值得高兴的事情。而我们也正是在一次又一次的被接纳中感受到自己的价值所在的。我们为什么会学着尊重别人？因为我们需要自我尊重，而自我尊重是每个个体与自己所处的社会环境相互作用的结果。自我尊重源自我们对自己尊严和价值的追求与维护。只有在自我尊重得到满足时，个体才会认为自己有价值，反之则觉得自己软弱无能。

心钥匙

自尊是宝贵的财富，被人尊重会让人感到幸福；我们常说尊重自己就是尊重他人，其实并不是为了得到他人的尊重而去尊重他人。我们能够得到他人的尊重是因为我们的“优秀、善良、亲和”，更是因为我们尊重自己。我们应不放弃自己、正视困难、愿意尝试、坦然地接纳自己的不完美，并在此基础上“尊重他人”。

从自尊中我们能发现、领悟自己存在的意义和价值。如果你觉得自己一事无成、什么事情都做不好，不如试着先尊重自己。而尊重自己的第一步就是不自暴自弃——没有人会喜欢一个因为几道题做不出就放弃尝试的孩子，哪怕他之前的成绩再怎么好；但是没有人会讨厌一个尽管短时间内看起来并不优秀但是从不放弃尝试的人。或许你正面对着许许多多困难的事情，也知道“车到山前必有路”这个道理，但是请记住：“山前”之所以“有路”是因为你已经努力到达了“山前”，而不是觉得前行的路太费力早早就选择放弃。正视自己的不足，通过努力和时间的沉淀去弥补不足、发挥长处，这就是尊重自己。

心理学博士对家长说

自尊是自我意识很重要的组成部分，而小学阶段正是孩子自我意识快速发展的重要阶段。父母的评价对儿童自我意识、自我评价的影响至关重要——最早的自我意识就是在感知父母对儿童态度的过程中慢慢形成的。如果想要孩子学会尊重自己、尊重他人，那么最简单的就是父母尊重自己、尊重他人。

进一步说，如果家长尊重自己、尊重他人，那么家庭中出现负性事件（矛盾、争吵、打骂、无交流）的概率就会小很多。有研究表明，成长于负性事件较多的环境中的孩子，未来遇到负性事件后受到的影响就会大很多，更不用说在这种环境中成长的孩子可能会内向、悲观等。消极面对外界的处事方式会让孩子在成长过程中遇到更多的负性事件。没有哪个家长会愿意自己的孩子进入这样一个恶性循环中。所以，最最简单的办法就是家长以身作则，成为孩子的榜样：尊重自己、尊重爱人、尊重孩子，不乱发脾气。

心理学博士对老师说

尊重和关爱学生是一名人民教师最基本的职业素养。老师在尊重学生的基础上还要教会学生尊重他人。

1. 不搞差别对待。小学阶段，教师的一言一行都会深刻地影响学生。如果老师表现出对不同的学生不同的态度，而且“爱憎分明”，那么并不知道控制行为程度的学生就会把这种老师自己所认为的“因材施教”，变成有指向性的“校园欺凌”。所以，对老师来说，最好的“尊重教育”就是“一视同仁”和“保持耐心”。

2. 具备同理心。老师要低下身来，站在学生的位置去理解他们的想法和感受，尽量做到对学生共情，要真诚地与他们交流。

原来我也是可以做到的呀！

生活小剧场

小西是一名比较内向的小男孩，平常和同学们相处得都挺好，小伙伴有困难他也会主动去帮助他们。

这天，小西的朋友乐乐想要学骑自行车，便叫上了小西到公园去帮助他学骑自行车。乐乐慢慢把脚踏上去，小西在后面扶着车子后座。就这样，一个下午过去了，乐乐学会了骑自行车。乐乐很感谢小西的帮助，但乐乐不知道的是，其实小西也不会骑自行车，他在之前就尝试过，每次都失败了。

第二天，在小西妈妈的鼓励下，小西又一次尝试骑自行车，这次与之前不同的是，乐乐一直在小西身边陪着他，在小西快要放弃时鼓励他，教他怎么骑，一直很有耐心……“啊！你太厉害啦！”乐乐看着小西独自骑着自行车上路时喊道，此时小西心里无比开心，心想：“原来我也是可以做到的呀！”

心理小百科

挫折是个体有目的的行为受到阻碍而产生的必然的情绪反应，会给人带来实质性的伤害，表现为失望、痛苦、沮丧、不安等。人的行为总是从一定的动机出发，经过努力达到一定的目标。遭受挫折会导致个体的动机受损，丧失学习和进步的动力。

小学阶段的儿童由于缺乏心理韧性，他们遭遇挫折时需要他人的鼓励与陪伴。同伴关系是帮助儿童克服挫折体验的重要部分。

心钥匙

遇到事情总是做不好，总是会失败，你是不是很沮丧很灰心呢？

没关系，我们一定要有信心，因为每个人生下来都不是无所不能的。大家都会有失败的时候，但最重要的是，我们要在失败后依旧拥有原来的自信，让自己变得更强大！在不断地试错后，以后无论做什么事情，你都会更加敢于面对，更加地从容不迫。

心理学博士对家长说

1. 做好保障工作。家长首先要注意对孩子的保护，帮助孩子进行风险评估。如果孩子想要做的事可能对孩子的人身安全造成威胁，一定要坚决阻止；对孩子心理会造成不好影响的事情也要提前避免。

2. 陪伴孩子，对孩子要有耐心。尽量不要在孩子人生中的重要时刻缺席，陪伴是最好的教育。

3. 当孩子产生好奇心，有探索欲望时，要懂得欣赏和鼓励孩子，给予相应的支持和陪伴。

4. 鼓励孩子勇敢去尝试，锻炼孩子的耐挫力。告诉孩子，尽管会有失败，失败后要有勇气继续站起来。

心理学博士对老师说

学校是孩子的“第二个家”。当学生想要努力做好，却遭遇了失败时，老师可以：

1. 对学生进行挫折教育。教给学生面对挫折和应付挫折的方法。

2. 多给予学生积极正面的评价。老师的积极期望会使学生朝着好的方向发展。

3. 成立互助小组。通过团队的力量让学生互帮互助，共同克服困难。

学习成绩不好就一定啥都不行吗？

生活小剧场

小西在这一次期中考试中又考了班级倒数几名，这已经是他在本学期第三次考倒数了。小西觉得很难过。这段时间小西越来越不愿意与人交流，觉得大家都会笑话他。每一次班级搞活动，小西都躲在一边，不愿意参加。小西觉得自己没有脸再担任语文课代表了，于是来到班主任的办公室跟李老师说：“李老师，我这一次考试又没有考好，我觉得自己没有脸再担任语文课代表了，我想把语文课代表让给之前竞选失败的丽丽同学。”李老师看着满眼泪花的小西说：“小西，虽然你在这几次的考试中没有达到理想的分数，但是这并不能否定你的工作能力，你的语文课代表工作做得很好呢！但是你也需要更加努力地学习，提高学习成绩，才能更好地起到带头作用哟！”

心理小百科

学业自我概念是学生对自己学业的认知与评价，是自我概念的重要组成部分，主要包括学业能力、情感、行为和成就四个方面。学生会在同学间相互的成绩比较中形成自己的学业自我概念，因此社会比较是学生形成学业自我概念的关键。当学生感觉自己在社会比较中处于优势时，他的自我评价会得到提升；当感觉自己在社会比较中处于弱势时，他的自我评价会降低。学业自我概念在学生个体发展的不同领域扮演着重要的角色，如自我效能感、主观幸福感、学习兴趣和动机、考试焦虑等。

著名的发展心理学家皮亚杰提出的认知发展理论认为，处于小学高年级的学生的思维正在由具体运算阶段向形式运算阶段过渡，此时的学生智力正在飞速发展，抽象思维能力越来越强，学习能力不断提升。小学儿童的学业自我概念也在不断形成中。

心钥匙

你是否也曾经因为自己学习成绩不好而难受？毕竟，大家都说学生的首要任务就是学习，所有人都在强调学习的重要性，仿佛学习就是一个人的全部。

我们要明白，一个人有多种多样的能力。学习成绩只能衡量我们在各个学科上学习的能力，并不能全面、准确地衡量我们的所有能力。也许作为班干部，你积极、耐心，能够热心地服务同学；你也许善于表达、沟通与合作；你也许在舞蹈、绘画和运动等方面有异于常人的天赋。

首先，我们不能因为学习成绩差而全盘否定自己，要看到自己的优势；其次，学习困难也不是什么精卫填海般的难题，也不能让学习这个难题一直困扰我们，我们可以寻找方法克服它。我们可以仔细思考自己在学习的过程中都遇到了哪些困难。如果自己没办法发现，可以向身边学习优异的同学请教；也可以询问家长或老师，向他们寻求帮助。我们还可以通过和同学、老师讨论交流来发现学习的乐趣，这将更好地提升我们的学习能力。除了找对方法，还需要我们持之以恒、不懈努力。

心理学博士对家长说

小学阶段的孩子有着强烈的求知欲，可塑性强。如果你的孩子学习成绩不好，家长不应该只看到结果，而不关注其学习的过程。面对孩子学习困难的问题，帮助他们分析和改善学习过程才是关键。孩子的学习成绩不好与学习兴趣、学习动机、学习习惯等众多因素密切相关，家长应在以下这些方面帮助孩子。

1. 关注孩子的学习状况，帮助和促进孩子建立良好的学习习惯，对不懂的知识点要及时地查漏补缺。

2. 多和老师建立联系，了解孩子的学习习惯，从孩子的现实需要出发帮助其成长。

3. 如果孩子因为学习不好而变得自卑、退缩时，家长不要加重孩子的心理负担。多鼓励和支持孩子，在轻松的环境中与孩子讨论有关学习的内容；向孩子传达学习并不是一切的观念，注重孩子的全面发展。

4. 有意识地培养孩子的逻辑思维和表达能力。平时多和孩子沟通，引导孩子多方面深度地思考问题，形成自己的观点并能清晰完整地把自己的想法表达出来。

心理学博士对老师说

教师是小学阶段的孩子的重要影响人物，在孩子价值观的形成中起着重要的作用。因此，教师应尽力做到以下几点。

1. 积极评价。教师的人际行为（包括教学方式方法和师生互动）是影响学生形成学业自我概念的重要因素。在教学过程中注重与每个学生的互动，看到学生的闪光点。在对学生的评价中，多对学习态度、学习过程给予评价，而非一味地拿学习成绩进行比较。

2. 对学生的进步及时给予鼓励。这里的进步不仅是学习上的，更是品质和行为上的进步哟！

3. 因材施教。帮助小学低年级的孩子养成良好的学习习惯，帮助小学高年级的孩子加强学习能力的培养。对于学习困难的孩子，要根据孩子自身的基础和特点对其进行引导。

4. 激发学生的学习兴趣。将知识点的讲授与生动的教学方式和有趣的活动相结合，可以使学生在听讲时更加认真专注。当学生对所学的知识感兴趣时，他们会特别注意自己的行为，并有意识地调节自己的行为，自然而然地养成良好的学习习惯。

是我爱慕虚荣吗？

生活小剧场

小西有时会很羡慕班上的一些同学，他们总是有许许多多的新玩具、新书包、各种各样好看的笔。经常都会有小伙伴分享自己又买了什么名牌衣服，又去哪儿吃了美食，或者去哪里玩耍了。小西常常觉得自己的东西不如别人，衣服没同学们的好看，也没有机会去新奇的地方玩耍。其实小西的家庭不是买不起这些东西，只是爸爸妈妈一直说要合理消费。为了让自己看上去和其他同学一样，小西也开始向爸爸妈妈提出买名牌衣服，以及新奇的玩具、文具等，甚至有时还向小伙伴们编故事说自己去了很好玩的地方，然后享受小伙伴们羡慕的目光。有一天，乐乐很大方地送了他一支昂贵的钢笔，那是他一直想买但没有买的。小西很高兴，回到家他把这件事告诉了爸爸妈妈，希望爸爸妈妈也能买一件差不多的物品让自己回赠给乐乐。没想到爸爸妈妈却责怪小西，认为小西不该接受过于贵重的礼物，不该表现得这么爱慕虚荣。小西听后十分懊恼，把自己一个人关在了房间。

心理小百科

自尊是个体对自我形象的主观感觉，自尊这一特质表现出了人们喜爱或不喜爱自己的程度。自尊的心理品质不是天生的，而是在生活、学习和工作中逐步培养起来的。每个人都希望自己能够受到他人的尊重，这是我们自尊心的体现。如果个体的自尊水平恰当，他就会表现为喜欢和接纳自己，胜不骄，败不馁，会尊重自己的价值，对自己有越来越好的期待；低自尊的人会自我贬低和怀疑、不信任他人、没有主见，特别容易自暴自弃、患得患失；过高的自尊水平会导致个体争强好胜，骄傲自大，不允许别人对他有半点不好的评价、偏执顽固，以自我为中心。

个体在成长的过程中，会不断地跟周围的人进行比较以便确定自己的位置和价值。过度的攀比可能会导致个体爱慕虚荣。爱慕虚荣是一种扭曲的心理现象，会促使孩子形成不正确的人生观和价值观。虚荣心得到满足就会沾沾自喜，骄傲自大，并且不断膨胀；虚荣心没有得到满足就会愤怒、羞愧、憎恨。青少年儿童虚荣的表现形式多种多样，集中在外貌、物质、成就的攀比上，孩子在虚荣心的侵蚀下，会逐渐迷失自我，不会获得真正的荣誉和快乐。

心钥匙

每一个人都希望自己能够在他人面前展现自己最好的一面，这本没有错。不想当将军的士兵不是好士兵！比如在学习上，我们都希望自己能够拿第一名。争强好胜也没有什么错！但是如果拿不到第一呢？毕竟第一名只有一个。何况人外有人，山外有山呢！如果你想成为一个自尊、自信、自立的好孩子，那么你可以：

1. 正确地认识自己，明白应该追求什么，比如追求学习、追求高尚的品质、追求合理公平的竞争，把我们的追求目标定在一个合适的度里。

2. 努力做好自己。一味地炫耀物质和外貌并不能获得他人真心的赞扬和认可。我们只有不断地做好自己，在自己的优势领域里不断进步，才能获得他人的尊重。通过自己的努力赢得的荣誉也会让我们更加自信。

3. 适当地参与竞争。当一个人的虚荣心过度而表现出爱慕虚荣的时候，就会陷入无止境的盲目攀比和得不到满足的痛苦之中；而适当地参与到竞争当中则会帮助我们去努力成为更好的自己喔！

心理学博士对家长说

家长过度的物质满足、孩子自我认知不足、模仿、同辈攀比等都可能导致孩子爱慕虚荣。如果家长发现自己的孩子表现出较强的虚荣心的时候，应冷静、理智地进行说服教育，引导孩子形成正确的价值观和人生观。

1. 判断孩子爱慕虚荣的程度。给孩子适当的指导，让其树立正确的消费观。

2. 帮助孩子树立正确的荣辱观。让孩子对所谓的荣誉、地位有一个清醒客观的认识。

3. 不放纵孩子的物质欲望。有些家长不知道如何表达对孩子的爱，便会通过过度的物质满足来表达。这非常不利于孩子的心理成长，会导致孩子产生对物质满足的错误认识。

4. 弱化其他孩子攀比带来的干扰。主动帮助孩子建立一些心理优势。当孩子受别人的影响而表现出爱慕虚荣时，家长应引导孩子进行理性的分析。对自己孩子的优势进行鼓励和赞扬，找到并展现孩子的优势，维护孩子的自尊心。

5. 适当地表扬孩子，避免过度夸奖。过度夸奖会带来骄傲自满，不利于孩子健康心理的形成，也可能会导致孩子因过度追求他人评价而爱慕虚荣。

心理学博士对老师说

爱慕虚荣是一种通过追求不真实的光荣感和荣誉感，以求心理上暂时的、虚假的“自我展示”的需要得到满足的心理。爱慕虚荣不利于学生的健康成长，不利于学生形成积极、正向的世界观、价值观。小学阶段的学生由于价值观还未成形，容易形成虚荣心，教师应该：

1. 创设包容、健康的竞争环境，避免攀比之风在学生中生根发芽；

2. 教导学生认识虚荣的危害性和丑恶性，从思想上克服虚荣心理的产生；

3. 帮助学生树立正确的审美观和价值观。

第四章

情绪与意志

好奇怪，她为什么不开心呢？

生活小剧场

小西有一对好朋友。为什么说是一对呢？因为他们俩是一对非常可爱的龙凤胎。姐姐文静温和，比较害羞，胆子也较小；而弟弟活泼外向，性格比姐姐急躁得多，脾气说来就来。有一天，几个小朋友在一起玩。一开始大家都玩得很开心，但是后来小西和姐姐都想玩同一个玩具。妈妈说姐姐比小西大要让着弟弟，应该主动把玩具让给小西。之后，玩具就顺理成章地到了小西手中。但是回家的时候，弟弟发现姐姐一直板着脸一副不开心的样子，问了她好几遍怎么了，她也不说。于是弟弟就大声对姐姐说："哼，看在你是姐姐的份上才问你。你不说算了，我不管你了！"但弟弟还是想不明白，姐姐到底是为什么不开心。

心理小百科

每个人情绪表达的方式各不相同，而男孩和女孩在情绪表达方式上也存在着较为明显的差异。一般来说，女孩的情绪表达比较委婉、含蓄，她们不像男孩那么粗线条，大大咧咧。因此她们的心思比较细腻，也更容易情绪化。这种情绪化不会像男孩那样疾风骤雨般地表现出来，而更多的是被压抑在心里。和女孩喜欢压抑自己的情绪不同，男孩宣泄情绪的方式更加直接、简单。男孩更喜欢用行动来表示自己的不满、愤怒和焦虑。

心钥匙

有人说:“男性来自火星，女性来自水星。”这句话主要是说他们在行为、性格等方面有很大的差异。在情绪表达上，男孩子更加直接奔放，而女孩子则是含蓄内敛。你有观察过身边的男生和女生，他们是怎样表达情绪的吗?如果你发现他们的表达方式存在很大的差异，不要感到疑惑。正是因为有了这种差异，才使得男孩和女孩各有千秋，这是上天赐给你们的礼物哦!

心理学博士对家长说

家长一定要认识到男孩和女孩在情绪表达上的差异，进而采用适合自己孩子的方法，引导孩子正确表达自己的情绪，让孩子健康成长。

作为女孩的家长，平时要多关注孩子的情绪变化，及时疏导和指引，帮助孩子学会正确宣泄消极情绪。可以引导孩子用适合自己的方式进行宣泄;用诉说的方式将自己的情绪告诉好朋友，尤其是同性朋友，也是一种很好的减压方式。

对于男孩来说，不妨用宽容的态度接纳他们宣泄情绪的方式;当他们逐渐能够听懂道理时，引导他们用正确的方式来管理自己的情绪。但无论如何，都要记住一点:情绪要疏导，而不能压制。

心理学博士对老师说

教师在学校要及时关注每个学生的情绪，不要忽略他们的情绪表达。当男生表现出情绪时，老师要给予积极引导;而女生表现出情绪时，老师需要给予安慰和共情。教师在处理学生的情绪表达时要尽量采取比较温和的手段，不要因为学生表达了情绪而责怪学生，要教会学生和自己的情绪和平相处。

其实男子汉也可以大哭

生活小剧场

小西是一个特别爱哭的孩子：腿上摔出一个小口子，哭；和同学起争执了，哭；被老师或爸爸妈妈说了几句，哭；有时作业写不完了，也哭……并且哭起来还没完没了，让人感觉好像受了天大的委屈一样。“真不像个男子汉！”爸爸每次都说，“男儿有泪不轻弹。天天哭，像个小姑娘似的！”被小西哭得心烦意乱的爸爸有时候会训斥他，可是这只能使他流出更多的眼泪。妈妈不像爸爸这么简单粗暴，她会给小西讲道理、鼓励小西，希望小西能够变得勇敢坚强一些，不要动不动就掉眼泪。但是尽管小西听的时候不停地点头，可哭起来还是不管不顾、无休无止。爸爸妈妈拿他实在没办法。

心理小百科

一般情况下，孩子的哭主要有三种原因：一是身体不舒服，二是情绪不佳，三是用哭闹来达到某种目的。其实很多时候“哭”只是孩子行为的结果，并不是原因。

心理学家发现：爱哭的人通常比不爱哭的人心理更健康。哭泣是一个发泄口，将内心的不良情绪发泄出来，有助于维持心理的健康与平衡。

心钥匙

你爱哭吗？你为什么喜欢哭呢？其实哭也不是什么难为情的事

儿。也许你遇到了困难，也许你遭受了委屈，又或许你只是想让老师同学多关注你一些。无论出于什么原因，哭是我们表达情绪和保护自己的一种手段。不要因为自己爱哭而感到自卑，要弄明白自己为什么爱哭。等我们的心情平复下来了以后，也可以静下来好好想想，除了哭我们还能有其他什么更好的方法呢？

心理学博士对家长说

一般情况下，孩子不会无缘无故地哭。家长们要正确认识到这一点，了解孩子哭的原因。小学低段孩子的语言表达能力还不够完善，哭最能直接表达他们情绪，获得家长的关注。家长不要一味地去指责抱怨自己的孩子爱哭，而要弄明白孩子为什么哭。一定要接纳孩子的悲伤，千万不要因为自己的孩子是男孩子就禁止孩子大哭的情绪表达。但是如果发现孩子哭泣的频率过高，家长也要引起重视。这时家长需要了解孩子是不是遇到了什么困难，比如是否遭受了校园欺凌。

心理学博士对老师说

很多老师在带低年级的班级时都会遇到学生爱哭的情况。作为老师，你需要多留心观察，及时发现班上哭泣的学生。与其他孩子相比，爱哭的孩子更容易被老师注意到。

面对哭泣的学生要采取正确的方法解决问题。当学生大声哭泣时，请不要立即盲目地制止或指责孩子。首先要给他一个温暖和宽容的怀抱，接纳他的悲伤，倾听他的痛苦；接下来需要搞清楚孩子哭泣的原因；然后再和他一起寻找解决问题的办法。

为什么有时候我一遇到困难就退缩呢?

生活小剧场

为什么我每次遇到很难的题目就想放弃呢?

为什么每次考试成绩不理想我就会怀疑自己的能力呢?

为什么每次我想和其他同学一起捉迷藏，却因为害怕被拒绝而不敢尝试呢?

……

你是否也和小西一样，存在着这些疑问呢? 当我们遇到困难的时候，先问一问自己：我现在是什么感受? 我为什么会有这样的感受?

心理小百科

情绪是我们对客观事物的态度体验以及相应的行为反应。当我们遇到困难的时候，我们的心里很可能会产生难受、紧张、担心或者其他很不好的感受或情绪。每个人遇到困难的时候，或多或少都会有一些消极情绪，这都是非常正常的。有时候，如果我们把注意力全部放在这些情绪上，它们可能就会像滚雪球一样越滚越大，压得我们心里越来越难受。当我们完全被情绪左右时，就会忘记需要我们解决的问题；或者被情绪压垮，一味地逃避困难，甚至觉得我们根本没有解决办法。所以，当有这些不好的感受时，忽略掉它或是用一些好的方法给情绪找一些出口，然后再想办法去解决掉我们遇到的困难。

心钥匙

“困难像弹簧，你弱它就强。”当我们遇到困难时，一定不能因为害怕而退缩，不然我们就永远解决不了它。你可以这样做：

1. 迎难而上，付诸行动，挑战它。有时候你会发现，困难就像纸老虎，我们把它想得太难，一旦我们付诸行动，它就立马被解决了。

2. 找到方法。我们可以开动小脑瓜，一个方法不行，就换下一个方法。方法总比困难多！困难总是暂时的。现在找不到方法，不代表未来也找不到方法。

3. 听取建议。可以听听父母、老师、同学的建议，看看他们有什么方法能够帮到你。从大家的建议中选择一个最适合的、你最喜欢的方法。

4. 找人倾诉。当我们遇到困难并且产生了不好的情绪时，我们可以找老师或者家长倾诉。当然，如果你有可以倾诉的好朋友，也可以选择向好朋友倾诉。当我们找不到人倾诉时，还可以用唱歌、写日记、运动等方法宣泄自己的情绪，转移注意力。

心理学博士对家长说

小学生的意志是通过意志品质体现出来的。意志品质具有以下特点。

1. 意志的自觉性。表现为人在行动中具有明显的目的性，充分认识采取行动的意义，使自己的行为服从于要求的品质。在整个小学时期，儿童的自觉性品质发展普遍处于低水平，更具暗示性和独断性。他们往往容易被别人的意见所左右，不相信自己行为的正确性，因而不敢坚持自己行动的方向和结果，缺乏自主精神。

2. 意志的果断性。这是一种明辨是非、迅速合理地做出决定并立即采取相应行动的品质，与之相反的是优柔寡断和草率决定。小学生不善于仔细、全面地考虑问题，他们在做决定时往往具有冲动性和情绪性的特点，也不善于按照一定的原则或规律做出决定。

3. 意志的自制性。自制性是一种能够自觉、灵活地控制自己的情绪，以约束自己从而完成任务的品质。在家长和学校引导小学生自我约束、遵守规章制度的同时，小学生的自制性品质随年级升高而逐步发展。

4. 意志的坚持性。意志的坚持性是指在意志行动中能否坚持决定，百折不挠地克服困难和障碍，完成既定目的方面的意志品质。小学生的坚持性也会随年级的升高迅速发展。

在培养孩子意志品质的过程中，家长要保持充足的耐心，不应苛责，可以尝试从小事慢慢锻炼、引导孩子意志力和问题解决能力的养成。

心理学博士对老师说

教师要充分意识到小学阶段学生的意志水平发展有限。要以发展的眼光看待学生，对学生保持充足的耐心和信心。在教学中可以采取以下手段来培养学生优良的意志品质。

1. 开展相关班会或活动。在活动中设置一些锻炼意志力的任务，让学生在实践中提升意志力。

2. 提供积极反馈。无论学生表现得如何，教师都应尽量给予积极正向的评价。

3.因材施教。根据学生的意志品质进行有针对性的教育。比如：对于缺乏自觉性的学生，要培养其自觉完成任务的能力；而对于优柔寡断的学生，要着重培养其意志的果断性。

坚持的人不会被辜负

生活小剧场

今天对小西来说非常重要。为了今天的朗诵表演，小西和小伙伴们辛苦训练了二十多天。每天重复多次的排练，被压缩的午饭时间，踩着星光回家的日子都令人难忘。而这所有的准备都是为了今天能有更好的舞台呈现。“大家准备一下，我们要上台了。”带队老师向大家招手。听到老师的召唤，小西和伙伴们准备就绪，在舞台上站好队形。伴奏音乐响起，绚烂的灯光倾洒在舞台的每一个角落，小西和伙伴们驾轻就熟地背诵着《滕王阁序》。表演圆满结束，台下一片掌声，小西在人群中发现妈妈对着他竖起了大拇指。那一刻，小西体会到了莫大的成就感。“坚持的人不会被辜负。”小西轻声对自己说。

心理小百科

小学阶段是孩子自主学习知识和自我意识发展的关键时期。他们对社会充满好奇心，拥有上进心。小学生意志品质的形成是他们在学习及活动中自愿地确定目标，并根据目标调节行为、克服困难以达成预定目标的过程。坚持是一种可贵的品质，也同样需要家长引导孩子形成。

心钥匙

坚持并不是一件轻松的事，坚持做好一件事需要付出很多，如时间成本、脑力和体力的支撑、对一件事的热忱……所以适当地放松是一种聪明的体现，劳逸结合才能更好地完成任务，事半功倍。

心理学博士对家长说

意志品质是指一个人在行动中具有明确的目的，不屈从于周围人的压力，按照自己的信念、知识和行为方式进行行动的品质。家长对于孩子意志品质的形成起着至关重要的作用。在日常生活中应以身作则，遇事不轻言放弃，身教胜于言传，给孩子树立榜样。孩子想放弃的时候可以温和地引导，鼓励其再坚持一下。在孩子因为坚持而获得成功之后，要及时跟孩子分享成功的喜悦，肯定坚持的意义以及孩子在坚持的过程中付出的努力。

心理学博士对老师说

“绳锯木断，水滴石穿。”坚持是一种优秀的品质，也是个体意志品质的体现。教师要有意识地培养学生的意志品质，对学生的坚持行为要及时给予肯定和奖励，一步步引导学生养成坚持的好品质。

为什么别人都有那么多事干？

生活小剧场

教室里，小西无聊地望向窗外，心中疑惑道：“为什么他们有那么多事情可以做，而我却没有什么事可做？”带着疑惑，小西望向了正在认真看书的乐乐：阳光倾洒在乐乐的脸上，仿佛是一道光，照亮了他的书，可真认真啊！转头一看，有的同学在欢声笑语，有的在静心学习，还有的在操场上奔跑雀跃……“可是，为什么我就不知道自己该干什么呢？”小西很费解。就这样，每天看着同学们干着自己的事情，小西的心中越发疑惑起来：为什么别人有那么多事情可以做呢？

心理小百科

心理学家马斯洛认为人有五种基本需要，从低到高依次是生理的需要、安全的需要、归属与爱的需要、尊重的需要、自我实现的需要。当低层次的需要得到满足后，个体就会产生更高层次的需要。我们要吃饭是因为有生存的需要，我们不能一直宅在家里是因为我们有劳动、运动的需要，我们乐于交朋友是因为我们有人际交往的需要。

动机是指推动我们进行各种活动和完成各种设定目标的内部动力。也正是因为有各种各样的需要，人们才会根据需要是否被满足或者满足的程度而产生各种各样的动机。人的认知和行为是在动机的支配下进行的。一个人的精力好像永远也用不完，对什么都感兴趣，积极参与各种活动，那就说明这个人的动机很高。维持一个恰当的动机水平会让人拥有一个较高的抗压水平和耐挫力。

心钥匙

看着别人都忙忙碌碌的，都十分投入地在做自己喜欢的事情，而你却感到无所事事，对什么事都提不起兴趣，这样的生活也太无聊了吧！

那么，你有没有喜欢的事情呢？如果你有喜欢的事情，那就赶紧行动起来吧！做自己喜欢的事情会让自己感到快乐，那时候，你一定会享受并且爱上这种感觉的。

如果你说你不知道自己喜欢什么，那么你可以思考一下，或者询问他人你擅长什么，有什么优点。通过这样的方法可以发现自己擅长的事。或者，你也可以先静下心来，去发现和尝试不同的兴趣爱好，去体验不同的生活方式。在不断的尝试中，你一定会发现一个多姿多彩的自己。

心理学博士对家长说

心理动机缺乏主要表现为孩子对什么事都提不起兴趣。有时即使做他们平时擅长的事，也可能做得不理想。如果听之任之，可能会让孩子形成拖延症，从而积累焦虑和抑郁等情绪。为提升孩子的心理动机，家长可以这样做。

1. 积极与孩子沟通。找到孩子不愿意接触新事物或者参与活动的原因，看看孩子到底是面对新的事物感到不安想要逃避，还是不自信，或是感到焦虑、抑郁。

2. 激励孩子。如果孩子感到不安或者不自信，家长可以及时鼓励孩子，帮助孩子克服心理阻碍。例如，在新的事物与孩子喜欢的东西之间建立起联系，必要时可以给予孩子一定的精神或物质奖励。

3. 帮助孩子打开视野。有时候孩子对事物没有兴趣可能是因为视野没有打开，家长可以多带孩子见识不同的事物，让孩子体验一些他不排斥的兴趣爱好，帮助孩子打开自己的世界，刺激孩子心理需要的产生，进而产生心理动机。

4. 陪伴孩子。如果孩子因为焦虑抑郁等负面情绪的困扰而导致心理动机缺乏，家长一定要引起重视，预防抑郁症的产生。比如多陪伴孩子，带孩子体验积极正向的情绪感受，一起做一些参与性高、有趣的亲子活动。必要时，可以根据情况考虑让孩子接受心理咨询或者参与心理团辅活动。

心理学博士对老师说

如果学生缺乏心理动机，教师可以通过一定的刺激来唤醒学生的情绪体验，进而激发学生内在需要的产生，帮助他们维持一定强度的心理动机。对此，我们有如下建议。

1. 帮助学生树立理想和目标，指导他们将一个大的理想和目标划分为一个个的步骤，鼓励他们分步行动起来。

2. 当学生出现一些进步的时候，给予及时的关注和鼓励。

3. 当学生产生一定的兴趣和动机以后，适当给予他们一定的压力，设置稍有难度的挑战，从而激发他们产生更大的兴趣和动力。

三分钟热度，你怎么看？

生活小剧场

小西和乐乐正在讨论自己学滑板的经历。“我觉得滑板刚开始还挺好玩的，玩了几天就觉得没啥意思了。你呢?”乐乐问小西。小西说：“滑板我已经学会了！就是羽毛球还没学会，我一直接不到球，只能一直捡球、发球。可怜的是我连发球都打不中，唉……后来我就不想学了。”乐乐拍了拍小西，说：“看来我俩都是三分钟热度啊。”

三分钟热度，说的是我们决定做一件事情之后，只坚持了一段时间就放弃了。就像乐乐学滑板和小西学羽毛球的情况，你在日常生活中有没有类似的经历呢?

心理小百科

三分钟热度在心理学上被称为“半途效应”，半途效应说的是人们本来在充满干劲地朝着一个目标而努力，但因为心里的感受和这个过程中发生的一些让人感受不好的事情，阻碍了人们达成目标。研究者发现，很多人在达成目标的中途，也就是人们已经做了差不多一半的事情的时候，觉得无法坚持下去，于是选择了放弃。有些情况下，如果人们心里达成目标的愿望不是那么强烈，便可能会更早放弃。

心钥匙

《战国策·秦策五·谓秦王》："行百里者半九十。"意思是说：如果我们要走一百里的路程，走到九十里也只能算是才开始一半而已。比喻做事越接近成功愈困难，越要认真对待。坚持下去就是成功，但是一旦放弃就前功尽弃了。如果你不想成为一个半途而废的人，那么你需要做到以下这些。

1. 预先设想。做这件事情之前，想清楚你有多希望做成这件事。

2. 分步完成。如果你特别希望做成这件事，那么可以把你的大目标分成一个个小目标。比如：小西学羽毛球，可以先学脚步，再学握拍，最后学击球。每完成一个小目标就是一次成功。这样一步一步、循序渐进，是不是更容易学会呢?

3. 奖励自己。如果把你的终极目标当作一块大蛋糕，然后把这个大蛋糕切成几个小块，那么每个小块也就是你的一个个小目标。每当你完成一个小目标，就吃掉这块小蛋糕！换句话说，也就是每完成一个小目标就给自己一个小奖励。

心理学博士对家长说

小学阶段的孩子价值观和世界观还没有完全形成，人格还不够稳定。这时出现三分钟热度是很正常的，家长不要过于担忧，保持良好的心态，多与孩子沟通。

1. 帮助孩子找到兴趣。兴趣是最好的老师，只有真正热爱的东西，才可以让孩子心甘情愿地坚持下去。所以，让孩子多参加实践活动，帮助孩子找到兴趣所在。

2. 鼓励孩子坚持下去。坚持不懈对于小孩子来说是一件有难度的事情，他们需要家长的适当协助与鼓励，必要的时候也可以提供一些奖励。

3. 给予积极的反馈。当孩子在执行计划的过程中心态低迷时，用积极的话语鼓励孩子，避免消极的表达。

心理学博士对老师说

学生在学习中缺乏持久性，教师可以尝试从以下方面进行教育。

1. 面对挑战的勇气。教师可以通过一些事例、活动让学生们意识到成功前的放弃是很多人都有过的念头。越是困难的时候，越是需要我们咬紧牙关，坚持不懈。一旦挺过去，成功就在不远处。

2. 适当利用竞争。教师可以通过举行比赛的方式，让学生们比试谁能更专注地完成学习任务，并对其中表现良好的学生给予奖励。

爸爸妈妈离婚了，他们是因为我分开的吗？

生活小剧场

乐乐一直是一个不让爸爸妈妈操心的好孩子，放学回家后自己乖乖吃饭，乖乖写作业。但是他不知道为什么，他明明这么乖了，爸爸妈妈却还是经常吵架。有一次，爸爸妈妈吵架时，被自己撞见。愤怒的爸爸冲着妈妈吼着："要不是为了乐乐，我早就跟你离婚了。"妈妈使劲把乐乐拽过去，尖叫着对爸爸说："你要是敢和我离婚，我就和乐乐死给你看！"乐乐害怕地看着这一切，转身跑回房间，拿出正在做的作业，急切地说："爸爸妈妈，你们别吵了。我很乖的，我很听话。今天我一直都在做作业，没有玩。以后我会更听话的。你们别吵架了好不好?"但是，两个怒火中烧的大人丝毫不理会乐乐。这样的吵架一直持续了好几个月。后来矛盾升级，两人最终因为无法和谐地生活下去选择了离婚。离婚的时候，爸爸妈妈让乐乐选择以后要和谁一起生活，但乐乐一点也不想和爸爸妈妈分开。在他内心深处，一直觉得爸爸妈妈分开是因为自己，爸爸妈妈都不想要自己了……

心理小百科

在离婚前后，成年人常常会因为离婚的事争得焦头烂额，而忽视孩子的感受与存在。孩子会因此产生严重的不安全感。许多孩子都会有这些疑惑："我该怎么办?""是因为我不乖才让爸爸妈妈生气的吗?"……这种不安会让孩子感到焦虑、自卑，自责、害怕。有些孩子还会因此产生负罪感，认为是因为自己不乖才会让爸爸妈妈分开。

心钥匙

父母离婚一定让你很难受，但这并不是你的错。爸爸妈妈是因为他们相处出了问题，继续生活在一起让他们都很难过。爸爸妈妈的分开，对他们来说也许是一个更好的选择。但是你要知道，即使爸爸妈妈分开了，你也永远是他们的孩子，他们也会继续关爱你、呵护你。既然我们没有办法阻止他们分开，就努力让自己好好生活吧。

心理学博士对家长说

父母在谈论离婚、办理离婚手续的过程中，都要让孩子认识到父母的婚姻进行不下去与孩子无关。即使夫妻双方分开了，也应该尽可能地给予孩子足够的温暖和支持，让孩子感受到即使爸爸妈妈分开了还是会像以前一样关爱自己。要让孩子明白家长的分开不是自己的原因，要避免让孩子背负“爸爸妈妈是因为我才分开”的负罪感。

心理学博士对老师说

对离异家庭的学生，教师要给予更多的关怀和爱护。平时可以多找他们谈谈心，了解他们最近的情况。家庭矛盾、父母吵架、离异等事件对孩子而言都是巨大的伤害。孩子可能会因此变得敏感、易怒、孤僻，一些孩子甚至还可能会通过逃学、破坏公物、“生病”等方法来阻止父母的分开。当你发现班上的孩子的情绪或行为突然改变时，一定要耐心了解和关心他们。必要的时候需要及时与家长沟通，协助家长，把对孩子的伤害减少到最小。同时要保护好学生的隐私，一旦班级里出现不好的传言，要及时制止，避免对学生造成伤害。

别人评价我的脾气差该怎么办？

生活小剧场

性格直率的小西虽然说话一直大大咧咧的，但是大多数同学都喜欢他。小西有一个小缺点，就是脾气太差了。如果别人说话让他不舒服，他就会很生气地回应，有时候惹得大家都很不高兴。

一天上自习课的时候，小西正在认真地学习，旁边有几个同学在小声地窃窃私语。小西很不高兴，就冲他们大吼了一声“安静”！大家安静了一会，没过多久又开始小声说话了。小西就对着那几个小声说话的同学，特别生气地吼道：“叫你们不要说话了！没听到吗？”有同学说：“小西，我们是在讨论问题，不是故意要说话的。”小西反而更生气了，说：“我不管，自习课就是不能说话，再说话你们就出去！”经过这一次后，一些同学对小西说他的脾气差，小西一时间很苦恼，也有些自责。

心理小百科

0～1岁的时候，婴儿可以根据外界刺激做出不同的反应，体验各种各样的情绪。他们也能够通过观察成人的面部表情等来感受情绪。1～3岁时，婴儿有了自己的意识，面对喜欢的人和事物会靠近，面对不喜欢人和事物会离开。学前期，儿童学会了通过语言来表达自己的情绪，能够进行情绪思考，也能通过观察判断他人的情绪。这是情绪发展的关键期，是孩子从情绪他控走向情绪自控的转折期。5岁以后，儿童思维和认知能力的不断发展对儿童的情绪发展具有重要意义。儿童学会反思自己和他人的情绪，能够意识到情绪是如何被管理的，该怎么控制自己的情绪。这个过程可能会持续到小学和中学阶段，直到他们学会情绪控制和情绪管理。

情绪对儿童认知能力的发展起着促进或者延缓的作用。情绪与情感表达是人际交往的重要方式，对儿童的个性形成有重要的影响。小学生的情绪发展具有三个特点：稳定性逐渐增强，情绪逐渐变得丰富，情绪的深刻性不断增加。他们在情绪的表现形式上也有外放表露和压抑控制两种方式。情绪表达压抑控制的儿童倾向于自我调节和消化情绪。人们普遍认为这样的孩子乖巧懂事，让人省心。但儿童的认知发展还未成熟，负性情绪的压抑会引发孩子的许多问题，比如产生认知偏差，神经症等。一般情况下外放表露的情绪表达，有利于儿童排解心中的烦闷，有益身心健康。但如果情绪控制没有掌握好就可能变得易暴易怒，个性乖张，不利于儿童人际交往和社会化发展。

心钥匙

你是否会经常发脾气呢？有时候可能就是一件很小的事情，但就是控制不住自己的情绪。脾气太大伤害的不仅是别人，还有我们自己。以下的这些小技巧可以帮助我们更好地控制我们的情绪。

1. 当我们处于某种情绪中时，可以通过适当的方式将自己的情绪宣泄出来。比如做自己喜欢的事、运动等。

2. 学会转移自己的注意力。当一直专注于忍受不了的事情时，就会很难控制自己的情绪。这个时候将自己的注意力转移到让自己愉快的事情上去，会使我们从不舒服的情绪中脱离出来。

3. 停下来思考。当你觉得情绪快要爆发控制不住的时候，在自己的心里默数5个数，然后问问自己，是什么原因让自己这么激动，应该怎么做才对。

4. 学会和家人老师朋友沟通。情绪控制不住有可能是因为我们过度沉浸在自己的世界里了。平时可以多和他人沟通，表达自己的感受；多倾听别人的看法和意见，以更好地控制自己的情绪。

心理学博士对家长说

每个人的情绪表达方式和个体自身的人格、气质等有关；同时，从父母身上习得的情绪表达方式也是儿童学会情绪表达的重要途径。因此，父母的教育和影响可以帮助儿童形成良好的情绪表达方式。

1. 父母首先要以身作则，摈弃自己不良的情绪表达方式，给孩子更好的示范和引导。

2. 当孩子不能很好地表达自己的情绪时，家长首先要耐心接纳孩子的情绪。

3. 在孩子平静的时候，和他们一起分析产生这样的情绪的原因、可能的影响，以及更好的表达情绪的方式。

4. 通过一些家庭游戏进行情绪管理练习，如角色扮演。

心理学博士对老师说

情绪表达不好的学生往往也存在着人际关系问题，他们非常容易被班上的同学孤立。教师要经常观察学生的情绪表达，多加关注情绪容易失控的学生。

1. 引导学生学会换位思考，理解他人。不能控制自己情绪的学生往往都表现出以自我为中心的特点，教师要引导学生多体谅他人，站在他人的角度去思考和看待问题。

2. 帮助学生提升解决问题的能力。许多时候，学生往往是因为不会处理情境中的问题而导致情绪失控。因此教师应注意培养学生解决问题的能力，教会他们在遇到问题时，冷静、沉着地面对，积极寻找解决办法。

压力好大啊！

生活小剧场

乐乐的学习效率很高，每天放学回家后把作业写完了都还有很多时间去玩耍。但新的一学期开始后，同学们都变得非常热爱学习，班上的学习竞争也很激烈，乐乐也感到神经紧绷起来。作业一下子变多了，每天都有做不完的作业；每次考试都会非常紧张，食欲也下降了，睡觉也经常睡不安稳。乐乐觉得自己每天都过得十分忙碌。他突然觉得自己很累，渐渐变得不爱说话，不爱笑，也很少和小伙伴一起玩耍了。

心理小百科

压力是心理压力源和心理压力反应共同构成的一种认知和行为体验过程。压力的来源多种多样，人们会因为身体、金钱、人际交往、竞争、负面事件等产生压力。压力无处不在，是生活中的一部分。压力能够产生动力，激发人的潜能让人们更好地完成学习和工作。但压力也会打压人们的自信心。当压力出现时，人就会感到有负担，还会出现各种身体反应，比如不想吃饭、失眠、心事重重等，人也会变得低沉，没有精气神。人们是否感受到压力，在很大程度上并不取决于事件本身，而是取决于人如何去看待和如何去做出反应。压力是一种对承受力的要求，承受能力越强，越能够面对压力；反之，就有可能被压力压垮。

美国学者威廉森提出了著名的耶基斯-多德森定律（见图3）。这一定律解释了人所承受的压力与工作学习效率之间的关系。无论是学习还是工作，压力过大或者过小都会降低我们的效率，只有强度适中的压力才能使人们发挥出最佳的水平。也就是说，压力过大时，人们无法承受，压力便成了阻力；压力过小时，又会使人们觉得没有挑战而陷入松懈状态，效率也不高。在孩子的成长过程中，如果家长给他们过大的压力，他们的负担太重，就会长期处于紧张状态，最终的效果也与家长的期望背道而驰。

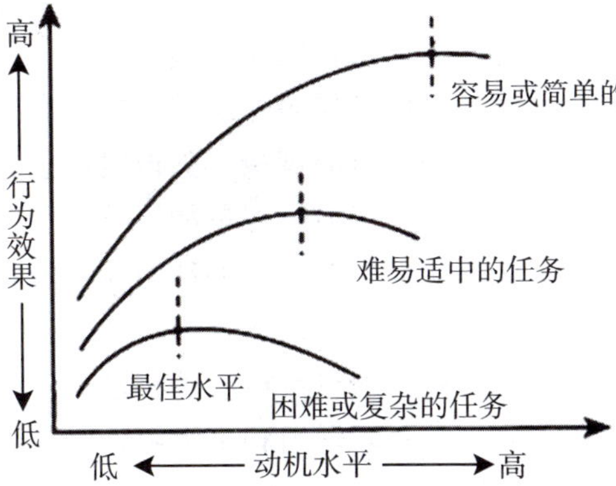

图3 耶基斯–多德森定律

心钥匙

生活一直在不断地变化，有的变化我们可以接受，有的不能接受，因而就产生了压力。我们可以通过以下这些方法来缓解自己的压力。

1. 转换场景。在教室学习和在家学习时我们感受到的压力是不同的。在班上发言时我们会觉得很紧张，但是在与熟悉的人说话时就没那么紧张了。因此当我们觉得压力过大，无法承受时，换个场所来调节自己的压力，就可能让我们更轻松地面对。

2. 提升自己的能力。压力不会永远都是压力，当我们的能力变化时，我们感受到的压力也会有所变化。比如，小时候我们可能会因为不能理解“1+1=2”而感受到压力，但现在的你就不觉得这是压力了。随着我们能力的增长，现在看来是压力的事情，以后也不一定会对我们造成压力。因此，专注于提高自己的能力水平是我们应对压力的最直接的办法。

3. 学会拆分压力。如果一个问题十分困难，我们可以把它拆解为几个小任务和小问题，再逐个击破。同样地，我们也可以把压力拆解，把大压力转变成很好应对的小压力，然后再一一击破。

心理学博士对家长说

一些家长为了不让自己的孩子输在起跑线上，给孩子报了很多兴趣班、辅导班。但是课外学习任务增多意味着日常压力也会增大，如果处理不好，很容易影响孩子的身心健康。父母给孩子施加一定的压力有助于激励孩子，让孩子更加努力；但是如果给孩子施加的压力过大，就会让孩子产生受挫感从而失去学习的动力和兴趣。家长可以这么做。

1. 不要给孩子设置过高的要求和目标。多和老师、孩子沟通，了解孩子真实的能力和情况。在日常学习和生活中，家长应注意避免给孩子设置太大的目标和太高的期待。

2. 教孩子正确看待输赢和竞争。家长应引导孩子学会正确面对竞争，合理看待输赢。

3. 多鼓励孩子。如果孩子不够自信或者对自己能力不信任，就会感受到更大的压力。因此家长应注意培养孩子的自信心，多激励孩子。

4. 帮助孩子释放压力。家长可以与孩子一起通过游戏、散步及参与其他放松活动来释放压力。

心理学博士对老师说

在班集体里，学生的压力来源主要是学业压力和人际交往压力。面对这样的压力源，学生的压力反应常常是：学习效率低、不自信、畏难、社交困难等。如何科学地为学生减压是作为工作在教育第一线的老师需要认真思考的问题。如何让孩子在快乐中学习？我们提出如下建议。

1. 培养学生良好的时间管理能力。帮助学生形成良好的时间概念，合理分配自己的时间，有效地进行时间规划。

2. 督促学生养成良好的学习习惯。

3. 在学习生活中，注意培养学生合理的竞争观，减少竞争带来的压力。

4. 多和学生互动、沟通，建立信任感，引导学生将自己的烦恼和压力告诉老师、同学。

5. 增强家校沟通，通过间接的方式减轻学生的压力。

我不是故意犯错的

生活小剧场

爸爸看着小西的作业，有些生气地说："这道题你都错了四次了，怎么就教不会呢？你是不是没用心学？"

小西有些委屈地回答说："我哪里错了四次？明明就只有两次，而且题都不一样！"

"你还顶嘴？你看看，考的都是同一个知识点！老师没有教过你要举一反三吗？你这样怎么学得好呢？"爸爸指着书本，严厉地说道，"你连这么简单的都学不会，以后怎么跟其他同学竞争，长大了能有什么出息？"

小西听了，眼泪一下子夺眶而出："我又不是故意错的，我也不想错啊！"妈妈见状，赶忙过来劝导，"没事的，小西。失败乃成功之母，妈妈相信你。"

心理小百科

人的成长之路并非一帆风顺。每个人都在蜿蜒曲折的成长道路上慢慢前行。在个体成长的过程中，犯错和失败都是在所难免的。家长应该以发展的眼光来看待孩子的成长，不要因为一个错误或是一次失败就将其全部否定。小学阶段的儿童抗挫折的能力还不强大，对自我的评价主要来自家长、老师、朋友等重要他人的反馈。当他们犯错误或者遭遇失败的时候，外界一味的批评会打击他们的自信心，降低其自我效能感，使他们产生自我怀疑，丧失勇气。

心钥匙

“金无足赤，人无完人。”每个人都会犯错，这是很正常的。所以，如果你不小心犯了错，遭遇了失败，不要害怕，也不要着急。首先，你要勇敢地承认自己的错误，正视自己的错误，这样你才能战胜错误；接下来，你要分析自己失败的原因，找到解决的办法才能避免自己再犯同样的错误。

心理学博士对家长说

面对孩子的错误，家长应该冷静应对，不能一味地责怪与批评，更不能用自己的标准去衡量与要求孩子。家长要：

1. 给孩子足够的试错空间。让孩子有足够的时间去成长，给孩子改正错误的机会，不能因为孩子犯了错就“一棍子打死”。

2. 帮助孩子改正错误。家长是孩子最好的老师，孩子犯了错，家长应该帮助孩子分析原因，找到改正的方法。通过家长的示范，让孩子学会遇到失败和困难时应该怎么做。

3. 对于知错能改的孩子家长要及时给予肯定和表扬。

心理学博士对老师说

教师要给学生提供足够的试错空间和机会。无论是知识学习还是技能实践，都要鼓励学生去勇敢尝试，不要害怕犯错误。帮助学生克服畏难情绪，让他们明白：犯错误并不可怕，人正是在错误和失败中才能不断地进步与成长。

我要和妈妈一起睡

生活小剧场

小西已经上小学了，别人家的小孩早就已经和父母分床或是在自己的小房间睡觉了。可是每当妈妈提出让小西到自己的小房间睡觉时，小西却总是嚷嚷着要和妈妈一起睡。刚开始的时候，妈妈以为小西只是还没有习惯和自己分开，等一段时间以后他就会慢慢习惯的。于是妈妈每天晚上都会陪着小西入睡，等小西睡着了之后再离开。结果小西每天晚上都会突然醒来，然后一个人号啕大哭，哭着喊妈妈；甚至还跑到妈妈房间门口敲门要和妈妈一起睡。妈妈不开门，小西就一直哭一直哭。妈妈实在心疼，只能让小西继续和自己一起睡。但是眼看着小西慢慢长大，该学会独立了，妈妈有些担心……

心理小百科

由于幼儿期长期和父母一起睡觉，儿童习惯了父母的房间，习惯了父母的气味和声音，习惯了这样的生活方式。对他们而言，父母是他们的安全港，能够为他们提供充足的安全感。因此当父母突然要求儿童到另一个房间独自入睡时，很多儿童由于难以做到快速的习惯转换，会出现不适应的情况，这是很正常的。

还有一些孩子会因为害怕自己一个人在房间，害怕房间里的一片漆黑，甚至害怕坏人、鬼怪等而不敢独自入睡。

除此以外，处于性器期（3～6岁）的儿童还容易对异性抚养者产生特殊的情感联结，即所谓的“恋母/恋父情结”。这种情结被固化下来，到了小学以后也依然存在，导致他们不愿意与父母分房入睡。

心钥匙

或许你真的很喜欢妈妈或者爸爸，因此无论什么时候总想跟他们待在一起。他们不可能一直陪在你的身边，他们也需要有自己的空间。我们从小到大的每一个香甜美梦，都建立在父母无微不至的呵护之上。为了及时照看我们，检查我们的被子是否盖好，我们的睡姿是否有危险，因此我们每发出一个声响，每改变一个睡姿都会让熟睡中的父母立刻清醒过来。当我们逐渐长大，有能力自己照顾自己的时候，我们就应该让父母好好休息休息。

或许你会害怕一个人睡，会害怕那些没有见过却总是在头脑里不断闪现的可怕场景。不要觉得不好意思，这是大部分刚开始试着独立入睡的孩子都会经历的事情。问题总有解决的办法。除了继续跑回父母的房间睡觉，还有许多许多能够帮助我们克服害怕、勇敢成长的方法呢！我们可以请求父母的帮助，跟他们一起去寻找和实践那些好方法！

心理学博士对家长说

随着年龄的增长，儿童对父母在心理上的依恋会逐渐减弱，这时父母可以考虑让孩子单独睡觉。独立睡觉有利于孩子独立能力的发展，过晚分房可能会导致孩子缺乏自主能力，严重的甚至会影响到孩子性心理的发展。但是要注意的是，让孩子独立睡觉一定是一个循序渐进的过程，家长可以采取以下方法来帮助孩子顺利地过渡。

1. 帮助孩子习惯陌生的睡眠环境。孩子换到新房间以后，父母可以先陪孩子在新房间睡一段时间，等孩子完全适应新房间的环境后再离开。

2. 适当允许孩子和自己一起睡。当孩子提出要和自己一起睡时，家长可以了解原因，如果孩子是因为做噩梦、怕黑等原因不敢一个人睡，家长可以适当允许孩子和自己一起睡，并安抚孩子的情绪，教会他们克服恐惧。

3. 陪伴式分离。孩子睡觉前，父母可以和孩子聊聊天，讲讲睡前故事，这样可以有效缓解孩子的焦虑。

4. 帮助孩子克服恐惧、害怕的场景和对象，必要的时候可以求助专业人士的帮助。

心理学博士对老师说

独立睡觉对小学儿童而言是一个全新的挑战，这不仅是儿童独立的开始，还是成长过程中重要的一步。教师要开展相关的教育，帮助学生树立独立的意识，鼓励学生独立睡觉。与此同时，要注重对小学儿童的性教育启蒙。教师可以开展一些主题班会、心理课堂，邀请学生和家长一起参加，帮助学生形成正确的性意识。

不要关灯，黑夜里有怪兽

生活小剧场

豆豆10岁的时候，每天晚上睡觉都要开着灯才能入睡。爸爸妈妈很是奇怪，还总说豆豆胆小如鼠，是个没出息的孩子。豆豆感到很委屈，他自己也不想这样。可是每天晚上一个人睡觉时就会害怕，睡在床上不敢闭上眼睛，久久不能入睡，脑海里总是会浮现各种各样很可怕的事情。有时候会想会不会从天花板上突然冒出一个大怪兽把自己吃掉。有一次因为害怕厕所里有鬼，晚上不敢去上厕所，结果尿了床，第二天早上被妈妈批评了一顿。于是，每天晚上豆豆只能等爸爸妈妈都睡觉了，再爬起来把灯打开。就这样，妈妈每天早上都会发现豆豆是开着灯睡的觉。其实豆豆也不想开着灯睡觉，怪难受的；但是不开灯自己又非常害怕，豆豆对此非常的苦恼……

心理小百科

人本能地会对未知事物感到恐惧，黑暗则会加剧这种恐惧。怕黑，不敢一个人独处则是黑暗恐惧的表现。儿童怕黑是非常常见的情况，一般有以下两种原因：一种是孩子因为年龄小、力量小，缺乏科学知识，在没有大人的陪伴时缺乏安全感；另一种则是孩子曾经有过相关的消极体验，比如看过一些恐怖电影、故事或者被关过“黑屋子”等。这种由童年经历引发的黑暗恐惧往往还伴随着其他心理问题，必要时需要接受专业的心理咨询。

心钥匙

如果你也怕黑，不敢一个人睡觉，那你可以试试以下这些办法。

1. 增强自信。你可以在心里面对自己说："我很厉害的，我可以独自做很多事情了，离开爸爸妈妈也是可以的，我会是安全的。我现在有足够的力量自己独处，包括晚上一个人睡觉。"不断强化自己内心的信念是可以给自己力量的哦。

2. 进行锻炼。比如可以学习拳击、跆拳道之类的运动。当你的身体力量变得强大时，心理的力量也会强大起来。

3. 外化恐惧。试着把你害怕的东西画在一张纸上，当你看到它具体的形象后，可能就没有那么害怕了。

4. 如果还是很害怕的话，可以让爸爸妈妈在床头安一个小夜灯，或是在床边放上能够保护你的"秘密武器"。这样既能解决黑暗的问题，又不会影响睡觉。

心理学博士对家长说

当孩子对黑暗产生恐惧时，父母可以这样做。

1. 先弄清孩子恐惧的原因，然后帮助他克服。

2. 在日常生活当中，要注意不要给孩子讲妖魔鬼怪的故事，更不要用恐吓的手段来强迫孩子听话。

3. 跟孩子一起寻找能帮助他抵御黑暗、鬼怪的方法，把害怕和恐惧具体化、直观化。有时候现实生活中的隐喻、象征化行为可以帮助孩子很好地抵御想象中的恐惧。

4. 帮助孩子纠正其对黑暗的种种错误印象。一旦孩子因过度害怕而患了黑暗恐惧症，就要立即寻求医生的帮助，使孩子的身心健康能够正常发展。

心理学博士对老师说

作为老师，可以通过如下途径帮助学生。

1. 教师可以开展一些科普讲座来帮助学生克服黑暗恐惧。

2. 还可以让班上的同学互帮互助，让他们彼此分享一些自己克服黑暗恐惧的小技巧。

3. 对于部分情况严重的学生，可以向学校里的心理健康老师寻求帮助。

呜呜呜，他们都叫我小矮子

生活小剧场

小西有个好朋友，名叫壮壮。可最近小西却不怎么愿意跟壮壮一起玩。妈妈问他为什么，他说：“壮壮太高了，我讨厌他那么长的脖子！”前段时间老师也向小西妈妈反映过类似的情况，说小西不愿意参加集体活动，尤其不愿意和高个子的孩子一起玩耍，甚至连话都不愿意和他们说。有一次小西和爸爸在回家的路上碰见一位邻居叔叔，那位邻居叔叔一边说小西长大了，一边摸小西的头。小西非常生气，哇的一声大哭起来。爸爸当场批评了小西，说他没有礼貌，小西很委屈，哭了很长时间。晚上睡觉时，妈妈悄悄问小西：“你为什么不喜欢那个叔叔摸你的头呢？那是长辈在表达对你的喜爱呀。”他回答：“我本来就矮，在学校里小朋友们老是叫我小矮子，老是这样被摸头就更长不高了！”

心理小百科

调查显示，和其他孩子相比，个子矮小的孩子通常性格比较内向，缺乏自信，情绪更容易产生波动。他们的内心敏感，非常在意别人的眼光和评价，容易导致自卑。受此影响，这些孩子的社交能力和活动能力水平相对较低，他们不愿意与他人交往，尤其不愿意与同龄人交朋友，因此会变得孤僻离群。因此，矮个子孩子的心理问题不容忽视。

心钥匙

每个人都是独特的、与众不同的。有的高、有的矮，有的胖、有的瘦，有的白、有的黑……世界也会因此而变得多姿多彩！矮个子有矮个子的好处，比如运动起来更灵活；高个子也会有高个子的烦恼，比如座位、排队列等只能在最后。身高、体重、肤色等是我们无法改变的外表特征，但是善良、坚强、诚实这些心理品质却是我们可以培养的。我们在评价一个人的时候，不会仅仅考量他的外表特征，一个人的内在品质才是决定一个人价值的真正标准。无论高矮，在这个世界上都只有一个你，你的价值不会因你的身高而改变哦！

心理学博士对家长说

一些家长在发现孩子比同龄人矮小时，往往只是急于带孩子去医院寻求长高的良方，而忽略了从心理健康角度对孩子进行疏导。

1. 不能总在孩子面前谈论高矮，而是要让孩子明白，世间万物都各不相同，个子有高有矮是正常现象。

2. 父母要学会转移孩子的关注点，不要让他们的注意力总是集中在自己的身高上。家长可以通过讲故事的方法让孩子明白个子矮一样有很多优势，人的价值并不是以身高为限的，个人的长处可以弥补身高的缺陷。

3. 家长一定要及时关注孩子的心理动态，稳定孩子的情绪。告诉孩子每个人的发育时间是不同的，有早有晚。营养均衡、加强锻炼，充足的睡眠和愉快的心情都可以更好地促进身体的发育和成长。而且，户外运动和锻炼不仅有助于孩子长高，还能够让孩子感觉到身体的力量，有助于培养孩子乐观积极的生活态度。

心理学博士对老师说

在孩子们还没有建立起科学、客观地评价自己和他人的价值观的时候，部分孩子可能会受到周围同学的非客观评价的影响。比如，在校园欺凌事件中，个子矮小的孩子可能更容易被其他孩子孤立或者是被欺负。长此以往，会对孩子的心理造成极大的伤害。老师应该多多关注孩子们在学校的表现，注意他们的情绪变化。通过班会、心理课堂等多种形式引导孩子们正确认识到每个人在发育时间、发育状况的等方面的独特性，引导孩子建立全面、科学的价值观。对于个子相对较矮的学生，老师应该多给予一些关注和关爱，避免他们受到欺凌，进而自卑。

妈妈，这些我也想要

生活小剧场

有一天，妈妈接小西放学回家，走到小区楼下的时候碰到了小西的好朋友乐乐。小西看见乐乐手里拿了一个十分帅气的变形金刚，非常喜欢。回到家里，小西就一直嚷嚷着让妈妈也给自己买一个一模一样的变形金刚，还说："为什么乐乐都有变形金刚而自己没有，我也想要变形金刚！"这种情况已经不是第一次出现了。小西不仅是看见别人有的东西自己就想要，而且如果妈妈当着小西的面表扬了其他小朋友而没有表扬他，小西也会不开心。妈妈觉得小西这是开始嫉妒别人了。

心理小百科

当人们想要知道自己在他人眼中的形象地位的时候，通常会通过社会比较的方式。社会比较是个体就自己的信念、态度、意见等与其他人的信念、态度、意见等做比较。比较的内容多种多样，可以是成就、能力、外貌、财力等等。每个人都生活在一定的人际范围内，常常会不自觉地与他人做比较，当发现自己在才能、体貌或家庭条件等方面不如他人时，就会产生一种羡慕、崇拜、奋力追赶的心理，这是上进心的表现；但有时也会产生羞愧、消沉、怨恨等不愉快的情绪，进而形成了嫉妒心理。

嫉妒是由于怨恨且察觉到别人享有的利益，并欲将其占为己有，因而产生的一种情感与心理状态。嫉妒通常会导致人与人之间的不良社交关系。并非只有成人才会嫉妒，其实在儿童身上，嫉妒心理也是普遍存在的。对于成长期的孩子，可以引起嫉妒的原因是多种多样的。比如别人突出的学习成绩，优越的家庭条件，漂亮的容貌、服饰、打扮等，都可能引起孩子的嫉妒。过于强烈的嫉妒心，轻则影响到孩子的学习生活，重则影响到孩子良好性格的形成，这种不良的心理状态甚至可能会成为孩子前进路上的重大障碍。小学儿童的身心发展不成熟，学生自身家庭差异带来的种种比较会给他们造成压力。面对这种压力时，他们还无法很好应对，因此会对其心理成长和社会化发展带来一定的影响。

心钥匙

如果你有特别想要的东西，可以和爸爸妈妈商量，而不是耍性子胡闹。每个人都不应该盲目地把自己和别人进行比较，每个人的家庭条件不同，所处的环境也不同，一味地要求自己在物质上与别人达到一致是不理性的。真正的好孩子会通过自己的努力来得到自己想要的东西，更不会因为别人有而自己没有就产生嫉妒之情。通过自己的努力得来的东西会让人更有幸福感和自豪感。

心理学博士对家长说

嫉妒情绪体验一旦产生，就可能持续影响孩子的情绪、态度和行为。它会破坏人际关系，伤害感情，甚至可能使孩子采取不正当的手段来伤害他人。

1. 父母需要用正确的情感基调来看待儿童的嫉妒心，并用适当的方法引导，别让嫉妒心污染孩子的心灵。经过家长的引导，可以尽量减少嫉妒那根“刺”对孩子自己和他人的伤害，使这种消极心理向积极方面转化。

2. 父母可以指导孩子采取正确的做法，比如培养孩子健康的竞争心态，告诉孩子在竞争中学会宽容，把嫉妒心转化为进取心。

3. 家长应该适当地满足孩子合理的物质需求，而不是一味地拒绝。从精神分析的层面来讲，童年时期极度欠缺的心理会影响孩子这一生对物质需求的态度，理性的物质消费需要建立在基本的满足之上。

4. 家长在满足孩子的物质需求时，一定要给孩子灌输正确的价值观。物质的消费是以自身的需求为条件的，建立在攀比基础上的物质消费是没有必要的。

心理学博士对老师说

在与同龄孩子的比较中，孩子非常容易产生嫉妒的情绪。因此在充满竞争的学校生活中，老师要引导学生正确地看待竞争，树立正确的竞争意识，用正确、积极的态度去面对竞争，避免因恶性竞争而产生嫉妒的心理。

抱　怨

生活小剧场

艳艳对自己的家庭很不满意，总觉得有许多的事情想要抱怨，抱怨爸爸妈妈挣钱少、家穷。看到有的同学穿着时尚的服装，有的背着高档双肩包，有的同学妈妈开着好车接送，艳艳特别眼馋。回到家里就抱怨爸爸妈妈：看看人家吃的什么饭，穿的什么衣，坐的什么车，再看看咱家呢。抱怨爸爸妈妈没文化、没地位，抱怨爸爸妈妈说话啰唆。班里开家长会，老师要求家长发言，很多家长都讲了自己的意见和建议，艳艳的爸爸却躲在角落里一言不发。艳艳知道这是因为爸爸没文化，不会发言，但总觉得自己很没面子，回到家里就抱怨爸爸：“同样是家长，你为什么不发言？我学习不好，就怨你!”

心理小百科

当人们面对不顺心的事情时，抱怨是发泄不满情绪的一种方式。但是一些人却让抱怨成为一种生活习惯，成为他们对抗现实矛盾的一种手段。喜欢抱怨的人，不但自己不快乐，还经常给周围人带来烦恼和压力。儿童的认知水平决定了他们在与他人比较时会产生各种各样的心理压力和负面情绪，在对比较结果进行归因时也更容易走极端。

1. 不合理的期望。抱怨最直接的诱因是对现状（包括自己、他人、环境等）的不满，也就意味着当事人内心有一个标准或期望值。有些人总是抱着不切实际的要求，或不能随着社会环境的发展变化而灵活适应，就会反复受挫，怨言不断。

2. 缺乏自信和行动力。抱怨别人是一件相对容易的事情，因为把过错推到别人头上，自己仿佛就没有责任了。如果一个人不敢承认自己的缺点和失败，不愿承担改变和行动责任，只能说明他缺乏自信和行动力。抱怨只会使他们失去自我完善和发展的机会，继续在错误的道路上徘徊不前。

3. 情感表达不当。有些人把抱怨当作表达情绪的一种方式，以为别人听见了他的抱怨就会做出改变，但结果常常是适得其反。

心钥匙

通常情况下，适当的社会比较是正常的，每个人都会把自己和别人进行比较。当现实情况无法改变时，有的人就可能会产生抱怨的负面情绪。我们需要正确地看待比较的结果。当面对自己和别人的种种差距时，你要做的是努力做得更好来缩小这种差距，而不是一味地抱怨。我们应客观看待和同学之间在家庭条件上的差距。爸爸妈妈正在通过他们的努力给你提供一个更好的生活和学习环境，我们应该理解爸爸妈妈的辛苦付出，学会感恩而不是抱怨。

心理学博士对家长说

经常抱怨的孩子容易形成偏执、傲慢的性格，不利于身心的健康发展。当孩子出现爱抱怨的情况时，父母首先要弄清楚孩子抱怨的原因。可能的原因有：家长没有对孩子阐明家庭情况，父母没有起到榜样作用，孩子的攀比心理太强以及孩子耐挫力弱等。如果放任不管，可能会导致孩子攀比心越来越强。对此，我们提出如下建议。

1. 耐心对待孩子的抱怨，在了解孩子的真实想法后好好沟通。

2. 鼓励孩子自立自强。帮助孩子分析问题，让他学会自主面对和解决问题。

3. 通过家长的榜样作用，给孩子正确的示范和影响。鼓励孩子客观全面地看待问题，让孩子也理解爸爸妈妈的立场和付出。

心理学博士对老师说

情绪具有一定的感染性，当班级里出现爱抱怨的孩子时，其他学生可能也会受到负面情绪的影响。教师可以从以下两方面采取措施。

1. 密切联系家长。当学生对爸爸妈妈的抱怨过多时，老师应及时和孩子的父母沟通，了解具体情况，耐心分析孩子对家长抱怨的行为背后的真正原因，帮助学生走出认识困境。

2. 进行感恩教育。一些孩子往往对他人的爱表现出更多的期待，对陌生人的善意感动不已，却不珍惜爸爸妈妈的爱，难以发现爸爸妈妈对自己的爱，认为爸爸妈妈的一切付出都是理所应当；还有的孩子对爸爸妈妈表现出非常不满，认为别人都能做到，而自己的爸爸妈妈却做不到。感恩教育是学校切入家庭教育的一个重要方式，教师需要通过多种形式在学校中有针对性地开展感恩教育。

如果考试考砸了怎么办？

生活小剧场

近段时间，妈妈发现小西有些不太对劲儿。小西平时可是个认真学习、刻苦努力的好孩子。可是这段时间临近考试了，小西却总是说自己哪哪都不舒服。之前因为这个问题已经去了很多次医院，每次医院检查的结果都显示小西什么问题都没有，根本没有生病。妈妈陪着小西一起去拜访了心理咨询师，咨询师给妈妈说小西的异常行为可能是考试焦虑的表现。小西给妈妈说，这学期他只要一到考场，就会怯场；因为无法发挥自己的正常水平，所以每次考试都会考砸。现在，只要一想到考试或者临近考试，小西就会烦躁不安，总是担心自己考砸了……

心理小百科

考试焦虑是指在应试情境刺激下，个体受个人认知、评价、个性、特点等影响而产生的以对考试成败的担忧和情绪紧张为主要特征的心理反应状态。对于小学阶段的孩子来说，他们的心理承受能力水平不够高，面对考试，自然会有一定的心理压力。考试失败的压力是孩子的主观认知在客观条件下作用的结果。考试前，每一个孩子都会对自己的能力和水平有一个期望和评估；而当考试结束后，如果孩子考前的自我评估与客观的结果之间出现差距，心理压力也就产生了，这就是考试焦虑的来源。考试焦虑主要有两个原因：一是对自己能力的认知不客观导致对自己的期待过高，二是父母、老师、同学等外界对孩子造成的压力。适度的考试焦虑可以增强儿童的学习动机，促进其调整注意力，提高学习效率；但是过度焦虑会导致学习效率降低，进而影响到正常的生活。

心钥匙

“如果考砸了可怎么办呀?”相信你一定有过这样的顾虑。只要是考试就必然会有结果，这个结果并不能直接对我们的情绪和心理造成影响，反而是每个人对结果的不同认识和看法导致个体的不同情绪和心理感受。人的一生中会有无数次的考试，这次考试结果不理想，最主要的原因可能是对知识的掌握不全面。通过这次考试，能够让自己发现平时忽略的，或是掌握得不透彻的部分。及时地查漏补缺，会使我们在下一次的考试中更有信心。所以，千万不要因为害怕考试而产生厌学情绪哦。

心理学博士对家长说

如果孩子出现考试焦虑，家长可以：

1. 减轻孩子的压力。孩子的压力往往来自家长。许多孩子之所以害怕考试，是因为怕考试失败后让家长失望，受到家长的惩罚。家长不要给孩子太大的压力，不要在考试前给孩子设置过高的目标，更不要恐吓孩子考差了会被惩罚。

2. 多多鼓励孩子。告诉孩子：“放心考，考差了也没什么大不了，爸爸妈妈也经历过考试和失败。失败并不可怕，可怕的是失败了以后的放弃和灰心。”

3. 孩子只要有进步，家长就要及时给予鼓励；即使考差了，也不要责骂，要安慰孩子，跟孩子一起分析试卷，及时查漏补缺。

心理学博士对老师说

在学校里，老师应当引导学生认识到：考前焦虑是每一个人都可能会遇到的，重要的是要学会缓解考前焦虑。老师可以教给学生缓解考前焦虑的具体方法。

1. 考试前可以增强自信，择要复习。考试前一天晚上要尽情放松，保证充足的睡眠。第二天按时到达考场，考前深呼吸。

2. 如果按照上述方法做了，还是没有平息怯场的情况，也不必担忧。在考场上先别急着做题，把试卷放到一边，稍微揉揉自己的脸，或者趴在桌子上休息下。这一方法能转移注意力，进而减轻紧张情绪。

3. 考试时如果感觉自己的肌肉僵硬，头脑一片空白，也可以试一试深呼吸的方法：满满地呼气、吸气，同时放松全身肌肉。几分钟过后，紧张状态就能减轻不少。

4. 考试时应该先抓紧时间做简单易做的题目，而难题可以在简单的题目都做完了之后再来思考。如果一开始就花费大量时间来思考难题，而耽误了做简单题目的时间，就会让自己沉浸在焦虑、懊悔的情绪中，进而影响正常发挥。

我突然像是一个没有感情的机器人

生活小剧场

丽丽平时在家里上蹿下跳像个小猴子，和爸爸妈妈说话也是活泼可爱的。可是最近却突然像是一个没有感情的机器人。不管爸爸妈妈怎样逗她，丽丽都是“哦”“嗯”“好的”这样的反应。以前丽丽老嚷嚷着让爸爸妈妈带她去游乐园玩，可是现在妈妈说周末带丽丽去游乐园也提不起丽丽的兴趣了。好不容易出门了，平时很热情地和小区里的叔叔阿姨打招呼的丽丽就默默地跟在爸爸妈妈身后，什么话也不说。老师也反映说这段时间丽丽在学校里有点蔫蔫的，下课了就一个人趴在桌子上，好朋友乐乐来找她玩她也不去。妈妈带着丽丽去医院看医生，医生说，丽丽可能是情感淡漠。

心理小百科

情感淡漠是指个体对周围的事物漠不关心，无动于衷的心理状态。这是一种非适应性的行为障碍。出现情感淡漠的原因多种多样，比如，长期遭受挫折，追求的希望渺茫，心理上的恐惧和生理上的痛楚，心理上产生的攻击与压抑之间的冲突等。搞清楚引起情感淡漠的原因，才能采取相应的措施。

心钥匙

你是否对什么东西都提不起兴趣？平时爱看的动画片也不怎么看了？好朋友叫你出去玩你也无精打采的？别担心，你只是最近的状态不太好。你要试着敞开心扉与家人和朋友交谈，告诉他们你的困扰。如果爸爸妈妈带你去看医生，你也要积极地配合医生。相信你很快就会好起来的。

心理学博士对家长说

家长要细心留意孩子的变化，如果孩子出现情感淡漠，一定要迅速采取措施。家长要耐心寻找其中的原因，帮助孩子一起克服情感淡漠；在日常生活当中，家长要多花时间陪伴孩子，多与孩子交流；还可以培养孩子广泛的兴趣爱好，让他们做自己喜欢的事情，鼓励孩子多多结交朋友等。如果情况得不到缓解，家长一定要带孩子去专业的医疗机构寻求帮助。

心理学博士对老师说

如果班级里的孩子出现了情感淡漠的情况，教师要第一时间把情况反映给孩子的家长。如果学校配有心理老师，可以让孩子向心理老师寻求帮助。另外，要鼓励孩子多与同学交流，积极参与团体活动，因为长期处于孤独状态可能会导致思维联想障碍，越来越难以与人交流。

感觉所有的东西都好无聊，我是得了抑郁症吗？

生活小剧场

妈妈发现小西最近有些奇怪。他经常一个人坐在窗边，望着窗外发呆，很久都不动一下，还一副心事重重的样子。问他怎么了，他也不说。妈妈为此有些担心。

“小西，下去跟乐乐和壮壮一起玩会儿吧。”妈妈走过去，望着窗户外面在小区花园里开开心心玩耍的小朋友们，对小西说。小西却摇摇头，并没有改变姿势。

“那你跟妈妈去超市买菜，好不好？妈妈给你做你最爱吃的糖醋排骨。”

“不想吃，不去！”小西很干脆地拒绝了。

“那你想吃什么？跟妈妈一起去挑，妈妈做给你吃。”

“什么都不想吃！你别管我啦！”小西再次回绝了妈妈，然后一个人继续坐在窗边，什么也不做，只是呆坐着……

“这孩子不会抑郁了吧？”妈妈不由得眉头紧锁。

心理小百科

近年来，“抑郁症”一词越来越频繁地出现在人们的视线里。但不是所有的抑郁情绪都是抑郁症。从抑郁情绪到抑郁心境再到抑郁症是不同程度的心理状态和心理表现。家长要注意区分抑郁心境和抑郁症。心境是一种微弱而持久的、使人的所有情感体验都感染上某种色彩的情绪状态，具有持久性和弥散性。抑郁心境虽然会让个体情绪低落，但这种低落会随时间逐渐消散。但如果个体长期处于情绪低落的状态，并且已经严重影响了正常的学习和生活，则有患抑郁症的可能。当孩子出现食欲减退、萎靡不振等症状且持续时间超过三个月时，家长就需要带孩子去专业的医院接受检查。

心钥匙

如果你突然觉得周围的一切都好无聊，平时爱吃的饭菜变得不那么香，连觉也睡不好，那么你一定要向爸爸妈妈说明自己的情况，并让他们及时带自己去看医生。同时你也可以尝试用一些方法来缓解自己的状况。

1. 强迫自己去参加一些社交活动，比如和好朋友一起玩耍，与同学一起进行一场体育活动或游戏等。

2. 尽量避免一个人待着。

3. 做一些正念冥想来帮助自己缓解糟糕的情绪。

4. 让自己忙碌起来。

心理学博士对家长说

抑郁心境是一种很常见的消极心境，过一段时间一般会自动消退。如果孩子的抑郁状况持续了两周以上，家长就一定要重视。许多时候，由于儿童的语言表达能力不强，无法准确描述自己的情绪变化和情感体验，因此成人有时候并不能轻易察觉出来。但是仔细观察，还是可以通过一些细节发现端倪。比如，孩子假如连续一段时间（一般为两周或一个月以上）情绪低落、不爱说话、经常莫名地哭泣、厌学逃学、不愿意与人交往，身体开始出现各种不适时，家长就要注意和警惕，不能等到孩子出现自残甚至自杀的行为后才引起重视。

家长一定要给孩子创造舒适的心理成长环境。当发现孩子的情绪和行为出现抑郁倾向时，多给孩子积极的心理暗示，多花时间陪伴在孩子身边；如果孩子情况持续变差，要及时带孩子去专业的心理机构咨询或进行治疗。

心理学博士对老师说

当学生出现抑郁状态时，老师应与家长积极配合，共同为学生营造一个温暖的氛围。老师要多倾听学生的心声，多为学生提供心理支持。学校和班级也可以多举办一些课外活动，让所有的同学都能够参与其中，进而丰富学生的课余生活。当班级学生出现异常情况时，要及时与家长沟通。

第五章

社会性发展

我不要和他一起玩

生活小剧场

小西一直是一个很乖很懂事的小朋友。在班级里，他总是能够得到老师的夸奖和奖励，和其他同学也相处得很好。一次活动课上，老师组织大家一起做游戏，要求所有的同学手拉手围成一个大圈。但是壮壮怎么都不肯和旁边的小西拉手。老师问他原因，壮壮就说："我就是不想和他一起玩，没有原因。"老师又问了小西是不是俩人闹了别扭，小西也一头雾水，不知道为什么壮壮突然就不和自己玩了。老师只得调换了他们的位置，才确保游戏继续进行。第二天做游戏的时候，壮壮又欢喜地拉着小西一起玩，好像昨天什么事情都没有发生。

心理小百科

低年龄段的儿童的情绪表达具有很大的随意性——他们会随意地用某种方式来表达自己的情绪。比如：高兴的时候大喊大叫，不满的时候摔东西，等等。儿童突然没有理由地不和某个小朋友玩耍可能是其情绪的随意表达。情绪表达的随意性会随着年龄的增长而逐渐固化。也就是说，随着行为习惯的养成，某些情绪表达的方式就可能成为他们发泄某种情绪而采用的固有方式。因此，引导孩子形成健康的情绪表达方式是非常重要的。

心钥匙

情绪的突如其来让你很难控制，发脾气或许并非你的本意，你可能并不是故意不和其他小朋友玩。不过不用担心，随着年龄的增长，你会越来越好地管理自己的情绪。如果你想更好地学会控制情绪，你可以借助一些书籍和讲座来学习管理和掌控自己情绪的方法，你还可以观察一下班上情绪管理较好的同学或是高年级的哥哥姐姐是怎么做的。相信自己，你一定能够把情绪管理得很好。

心理学博士对家长说

儿童具有很强的模仿能力，家长情绪表达的方式会在潜移默化中对孩子产生影响。所以家长一定要注意引导孩子正确地表达自己的情绪。

如果孩子突然出现了某种情绪，可能是因某件事或是某种环境的影响。家长要留意孩子的情绪表达，先搞清问题的缘由；接下来需要跟孩子一起分析和讨论孩子的情绪表达方式是否合适，能否有更好的方式来替代。

心理学博士对老师说

儿童的情绪发展具有复杂性，并且会随着年龄的增长而不断发生改变。在儿童成长的每一个阶段，都要根据其情绪发展的特点给予孩子适当的关注和引导。对老师来说，容易情绪化的孩子可能更难以教育。在学校教育中，老师可以通过开展读书会、班会活动、课外游戏等方法让孩子认识到情绪表达的意义以及正确的情绪表达方式。

我和我身边的人

生活小剧场

小西每天都过得很快乐，爸爸妈妈关心并爱护他。他和老师、同学的关系也很好。小西自己也觉得现在的生活真是上天赐予自己的礼物，身边的人就像天使一样。在这样的环境下，小西做什么都充满动力与热情，积极参与班级活动，乐于助人，谦虚礼貌，成绩优异。

有时候，小西也会问自己："如果我身边的人没有那么棒，我也能像现在一样优秀吗？我和我身边的人究竟是什么样的关系呢？"

小百科

想想我们和身处周围环境中的人，我们如何看待这些人，我们和他们产生互动，和其中的一部分人之间建立情感联结，在他们对我们的动态评价里抽丝剥茧慢慢地认识我们自己。这就是社会支持的作用——让我们更好地认识自己。我们无时无刻不处在和周围人的交互之中。小学生较成年人有更强的依赖性，所以他们更看重自己身边重要他人（比如老师、父母和朋友）对他们的评价，希望能够从自己身边的人身上得到正面的、积极的评价。需要注意的是，同伴关系对小学生的影响作用随着年龄的增加会越来越大。

心钥匙

不管你是否有属于自己的"知心好友"，你都和身边的人建立了或强或弱的情感联结。这些联结不仅让你感受到安全和愉快，也是你接触世界、接触自己的触手。这些联结像蜗牛那敏感的眼睛一样，柔软而脆弱，需要你用心呵护。或许你会疑惑，自己是因为身边的人而变得优秀的吗？还是说，自己身边的环境，是因为自己的优秀而慢慢变好的。

你要知道，一个一事无成的人不会因为交到了很厉害的朋友就变得厉害，一个硕果累累的人也不会因为有无所事事的朋友而不思进取。不可否认的是，我们身边的环境确实会影响我们，老话说："近朱者赤，近墨者黑。"但是我们始终相信决定自己人生的是我们自己，而不是我们所处的环境。

心理学博士对家长说

随着孩子慢慢长大，他们会把和同龄人之间的关系看得越来越重要。作为孩子的重要他人，家长要为孩子的成长提供足够的支持。中小学阶段，家长的一言一行，都是孩子最直观的"示范"和"榜样"。

1. 孩子的问题宜疏不宜堵。随着孩子的长大，你会发现孩子开始有自己的观点了，尽管许多观点大部分时候都显得很幼稚、很片面，有些观点甚至不正确。孩子可能会在公共场合说出不合适的话，做不合适的事，但是这些行为都是孩子在尝试用自己学到的方法探索这个世界。如果家长只是很粗暴地制止，可能当时会暂时解决问题，但是从长远角度来看，往往适得其反，孩子甚至可能在未来的某一个时刻以其他的破坏性的方式爆发出来。

2. 建立规则意识。家长不要在孩子无理取闹、撒泼打滚的时候满足孩子不理智的要求，也不要在孩子给其他人造成了困扰时打着"他只是一个孩子"的理由放纵他。孩子正处于树立各种各样观念的阶段，这时候也正是家庭教育能够发挥最大作用的时候。你可以在去商场之前就和孩子约定好什么能买，什么不能买，这样孩子就算想买某个东西你也可以用"之前已经约好了哟"的理由回绝；同样，可以在让孩子去玩之前就说好"不能吵到别人、不能乱跑"等等，如果违反了约定会有什么样的处理，这样，在教会孩子“什么该做，什么不该做”的同时，还能让孩子明白自己做出的承诺就一定要做到。“温柔而坚定”就是送给家长的制胜法宝。

3. 多反省自身。发现自己孩子有缺点之后，先别急着逼问孩子“都和什么样的人混在一起”，也别想着“这学校老师都在教些什么”，多想想“我是不是在他面前说啥不该说的”“我应该怎么做才能帮助他改变”。

心理学博士对老师说

小学生在和同龄人交往中慢慢形成自己的一套处事方式。在这个阶段，孩子开始学会用别人的眼光审视自己、看待其他事物。人际矛盾似乎成为这个年龄阶段的孩子生活中挥之不去的怪兽。

1. 老师要鼓励学生之间建立友谊。当学生之间爆发矛盾时，老师要第一时间了解情况并采取相应的对策。通过实际的介入和干预引导学生学会正确地化解矛盾，掌握解决问题的方法和技巧。

2. 教师要关心学生的家庭状况。对有情绪困扰的学生要多加爱护和了解。对于家庭关系不和的学生家庭，教师要定期进行家访。

为什么我总是一个人？

生活小剧场①

下课铃声响了，小西坐在座位上，看着别的同学三三两两地一起出去玩，心里很不是滋味儿。“为什么他们都有朋友一起玩？”小西这样想着。

正想着，平常对小西很好的壮壮来邀请小西出去玩。

小西有些惊讶，接着想：“要是我什么地方没做好，就可能让壮壮不高兴，那样的话他以后就不会再理我了吧？要不还是不去玩好了，反正我也老搞砸事情。”

“不了不了，我想休息一会儿。”小西对壮壮说。

“好吧，”壮壮说完，就转身追前面出去的同学了，“等等我，也算我一个。”

“看吧，他根本不是想和我一起玩，只是看我一个人坐着可怜我吧。真是的，谁需要他的同情啊。”

“啊，真烦！以后也不要和别人一起玩了！”小西自言自语。

生活小剧场②

“这节课我们要做几个小游戏，每个同学都要参加哦！”班主任在班会课上宣布。

小西很紧张，之前他拒绝了壮壮一起玩的邀请之后，总觉得壮壮看他的眼神怪怪的，好像一直等着看他的笑话似的。“为什么要有这种活动啊，如果我做得不好的话，他一定会在背后偷偷嘲笑我的吧？”

“完了，我现在这么紧张，一会儿肯定要出事，想办法不参加好了。”

小西举手，给老师说自己肚子不舒服，跑到厕所找了个隔间蹲了下来。

“我怎么这么傻，刚刚不就是我改变壮壮对我印象的最好机会吗？要不我还是回去参加活动吧；可是现在回去的话，他们都做了一会儿活动了，我回去也跟不上啊，会显得我更傻吧？真烦！我就在这里躲到下节课上课好了。”

“反正妈妈也让我好好学习，要不以后都不和别人一起玩好了，这样就没有这些问题了。”

“不过，他们都有一起玩的朋友，真好啊。”

心理小百科

小学阶段的儿童其交往重心逐渐由父母转向同辈伙伴。同伴关系在小学儿童的身心发展中扮演着重要的角色。同伴关系是年龄相同或相近的儿童之间的一种共同活动并相互协作的关系，是同龄人间或心理发展水平相当的个体间在交往过程中建立和发展起来的一种人际关系。同伴关系处理不当会导致孩子孤僻不合群，甚至产生孤独的心境。研究发现，孤独的人在生活中会遇到更多的压力，也更容易体验到社会排斥。为了避免感到被排斥，个体可能下意识地主动与他人“保持距离”，这就进一步加剧了孤独感的体验。

心钥匙

亲爱的小朋友，最近过得怎么样？会因为孤独而感到痛苦吗？

不得不承认，我们的每一天都是在和他人的互相影响之中度过的。拥有知心伙伴确实是一件让人羡慕的事情，良好的人际关系会让人变得更加积极、更加上进。你的好朋友会在你辛辛苦苦完成了一件事后，给你一个微笑、一次喝彩，拍拍你的肩，给你一个拥抱——这会让你感到有暖流从心底涌起，慢慢包裹住全身，感觉自己的一举一动都那么有价值。这听起来很棒，对吗？我猜，你也曾经为了摆脱孤独而付出了很多努力。和朋友不能好好相处的原因有很多很多：或许他成绩太好让你望而生畏；或许是他成绩太差让你不想和他相处；又或许是你追求完美，别人都无法满足你对朋友的要求；再或许是你总担心别人并不能真正理解你要表达的意思。或许你已经“放弃挣扎”了，但别灰心，孤独并不是绝症，总能找到办法解决。

孤独并不可怕，一个人长大的过程就是与自己的孤独达成和解的过程：记一次日记，看一本好书，和学校里的心理老师聊一聊，这些都能让你不那么难过。

心理学博士对家长说

小学阶段的孩子正处于自我意识高速发展的阶段，这个阶段也很容易出现孤僻、自我封闭的现象。作为家长的你可能会发现自己的孩子某一段时间看起来有些孤僻、沉默寡言。这个时候首先应该做的是询问孩子是否遭遇了校园欺凌，并向孩子的班主任了解情况。如果这个时候你的孩子受到过威胁，看起来有些焦急，你可以告诉他：“我知道因为某些原因，你不想让我知道这些事情。但我是你的母亲/父亲，我必须为你的安全和健康负责任。我有你责任也有能力保护自己的孩子，必要的时候我会向其他的力量寻求帮助。无论发生什么，我都一定会跟你站在一起，跟你一起面对你现在遇到的问题。没有什么人和事能够阻止我们对你的保护。”

如果确认孩子不是受到欺负，而是和好朋友闹矛盾，或者是其他原因导致的情绪低落、社交退缩。首先，你应该接纳并且理解孩子的情绪，认真地跟孩子沟通到底发生了什么；其次，需要跟孩子一起讨论，是什么导致孩子现在的问题，通过什么样的方法可以让孩子更好地解决现在面临的问题。同时，还需要让孩子“慢慢地”明白不是所有事情都十全十美，或者说生活中其实本就没有十全十美的事。另外还应该思考一下自己平时和朋友的交往是什么样子的，孩子的同伴关系状况在一定程度上可能是你与朋友关系的“缩影”，自己与孩子的亲子沟通状况如何，曾经给孩子说过的话是否不经意间伤到了孩子，家庭成员之间的相处模式如何。

小学阶段对孩子来说是一个“同伴关系变得越来越重要”的阶段。这个阶段孩子可能会遇到很多与同伴交往有关的问题。每一个妥善处理的危机，都是一次成长；或许每一次都完美地克服艰难险阻，但请把握每一次让孩子成长的机会。

心理学博士对老师说

1. 教师要留意班级里那些内向的学生。这类学生不爱与人交流，长此以往可能会变得孤僻、自闭。教师要多鼓励学生参与到同学之间的交流和活动中去，还可以给这类学生分配一些需要交流才能完成的任务。

2. 当学生主动对你说“老师，我最近感觉很孤独”的时候，请不要表露出你的诧异。作为老师，你可以做的就是先给他一个大大的拥抱，然后问问他“发生什么了”“有什么是老师可以帮你的”。

3. 如果孩子之间闹矛盾了，作为老师的你，不能让孩子之间简单互相道歉之后，就认为事情处理好了。当着老师的面，或许孩子们会表现得和和气气的；背着老师的时候欺负可能会变本加厉。你可以试着当几天的“陪读老师”——为自己在教室后面准备一张桌子，陪学生一起度过几天时光，或许会有不一样的发现。

我是不是不合群?

生活小剧场

明明是一个比较安静的小朋友，他喜欢学习，也很喜欢和朋友们一起游戏。但新学期开学后，班上很多小朋友似乎都变了，他们不约而同地有了“新的朋友”，那就是手机。在他们口中，手机里有好笑的笑话，有好玩的游戏，还能拍照、分享。放学后，他们都会到小卖部里，围在一起，分享自己最新得到的“皮肤”，最搞笑的视频。这个事情让明明很头疼。他尝试过去接触这些同学的兴趣爱好，但自己确实对这些东西不感兴趣；并且因为自己不够活泼外向，常常觉得加入不了他们的话题，他开始感到孤独。看着朋友们滔滔不绝地谈论着他们的所见所闻，明明没有一点参与感，他的内心产生了一个疑问：“我是不是不合群?”

心理小百科

通常情况下，我们说一个人的性格是内向或者外向，实质上是在说一个人的人格是属于内倾型或者外倾型。内倾型的人关注自己的内心，有强烈的自我觉察意识；他们的思考和情绪处理大部分都在自己的心里完成，不怎么向他人展露；他们往往喜欢三思而后行，给人一种沉稳的感觉。外倾型的人乐于向他人展现自己，感情外露，喜欢表达分享，通常较为活泼开朗，热情开放，也更善人际交往。内倾和外倾没有好坏之分，它们也不是相对立的两面，都有各自的优势和不足。例如：内倾型的人可能会敏感、害羞不善于表达；而外倾型的人可能热情、自我，不太顾及他人感受。

童年后期，爸爸妈妈、教师等权威人物对儿童心理发展的影响力开始减小，而同伴的影响力会逐步增加。在和同伴的交往中，我们会在交往经验中习得我们与他人、集体的一种交往模式。

从众是指个体受到群体的影响而怀疑、质疑、改变自我观点、判断和行为方式等，以和他人保持一致的行为。当从属于某一个集体时，在群体规范的影响下，为了和我们所在群体的其他成员保持一致，我们就可能会表现出从众的特征。从众使我们和群体保持一致，有助于增强群体的凝聚力；从众有助于个体汲取他人信息、经验，帮助我们了解他人和群体，更容易从群体中获得与人交往需要的满足。从对个体产生的影响来看，从众又可以分为积极的从众和消极的从众。例如，大家都说一个好孩子要讲礼貌，尊师敬长，这是积极的从众；看见别人吸烟就吸烟，这就是消极的从众。

从众是一种普遍的现象，从众无处不在。那些知识经验积累越多，对人和事物有越多了解的人越不容易从众；越是表现自尊、自信，越受人赞扬和肯定的人越不容易从众。

心钥匙

你是否也曾经因为自己不够合群而苦恼过呢？

虽然每个群体都有它自己的特点，但每个群体也都有它的包容性。例如学校的篮球队是打篮球的，足球队是踢足球的，但有可能足球队里也有喜欢打篮球的成员，篮球队里也有喜欢踢足球的队员。我们因为某些共同的特点而聚在一起，我们也可以向他人展现一个更丰富的自己，因此不要害怕差异。

当你感觉朋友们有新的兴趣爱好时，可能只是大家接触到新事物时的新鲜感和好奇，并不代表你们之前的联系就不复存在了。和他人相处最重要的是沟通和交流，别人接纳和包容你的特点，你也应该有一个包容和接纳的态度去和他人交往。但是每个人都有自己的喜好，我们也不能刻意去迎合每一个群体。面对克服不了的差异时，我们也应该客观看待。选择和自己志同道合的人一起可以让我们的内心更放松。

心理学博士对家长说

一般情况下，兴趣爱好不同、不爱表达、不喜交流、孤僻拒绝交际等原因都可能给孩子带来不合群、孤独的感受。不合群会导致孩子的社交能力受损，严重的还会影响孩子的人格。

1. 原生家庭对孩子的人际交往风格有重要的影响。当孩子出现孤独不合群的感受时，家长要反思自己在日常生活中的待人接物方式以及在和孩子的沟通交流中，是否对孩子造成了影响。

2. 多与孩子交流，并在交流中给予关注和鼓励，提高孩子的自信心和表现力。

3. 鼓励孩子进行自我探索，培养孩子的自信心和独立性。例如，培养孩子的兴趣爱好，鼓励孩子在自己感兴趣的领域取得成就。有时候孩子不太成熟的认知可能会导致他们对一个群体的盲目融入。通过提高孩子对自我的欣赏，提升其独立意识也可以帮助他们更专注于自己所追求和认可的事物，也使他们更不易受到群体的影响。

心理学博士对老师说

教师如果发现班上有不合群的孩子，需要先了解清楚学生不合群的原因，接下来就需要老师采取合理的方式帮助学生尽快融入班集体当中。

1. 家校联合，为学生创造良好的学习和生活环境。关心学生，尊重学生。切忌随意训斥、打骂学生，尤其要避免学生们因为教师对某个学生的批评而对该生形成孤立。

2. 重视班级互动，增强学生之间的沟通和交流；通过集体活动、班会等多种方式促进学生之间的互动和交流，引导学生在温暖、互助的气氛中学会相处。

为什么找不到人说知心话？

生活小剧场

“为什么找不到人说知心话？”这是明明日记里最常写的一句话，也是心里常念叨的一句话。明明每天都耷拉着一张脸，没有一点活力地走到教室，开始新一天的学习。班上的同学积极地举手回答老师提出的问题，老师笑容满面地朗读课文，这一切看上去那么美好，但他心里却充满落寞孤单的感觉。电视画面里的那些朋友总是相互安慰说心里话，但他自己身边却找不到这样的朋友，接触最多的就只有同桌、前桌和后桌的同学。可是他们一点都不懂自己，除了平时一起嬉戏打闹，就不能一起做其他的事情。

心理小百科

友谊是个体在成长时期重要的发展任务，是儿童基于理想目标、兴趣爱好而建立起来的具有信任、亲密、支持、安全、陪伴等稳定的双向情感体验。青少年儿童通过同伴关系获得亲密的友情、幸福感和依恋感。

同伴关系是青少年儿童社会发展的重要背景，是获得社会支持和安全感的重要源泉。与同伴的交往经验有利于个体自我认识和人格的发展，促进其社会性发展及社会价值的获得。良好的同伴关系可以使儿童感觉到自己是被他人和集体认可和接受的，会产生愉快幸福等积极情绪体验；可以弥补因个人、家庭中的不良因素造成的情绪问题，缓解焦虑，对往后发展中学会情绪控制有重要作用。

心钥匙

有时候，我们内心可能有许多的事想要分享，但却发现没有可以分享的人。虽然也有小伙伴一起玩耍，但似乎总感觉向他们吐露自己心里的想法有些不太合适。我们渴望自己有一个更亲密的能够相互陪伴的朋友。

想要获得亲密的友谊，有时候需要我们主动抛出友谊的橄榄枝。只有勇敢地迈出第一步，才能收获珍贵的友谊。

朋友之间最重要的就是沟通和交流。在与别人相处的过程中，我们应该多多关心和帮助别人。只有真诚地对待他人、诚实守信，才能获得别人的信赖；只有勇敢地向他人表达自己的真实想法，才能让别人了解自己。

心理学博士对家长说

家庭是孩子获得情感支持的第一场所。家庭关系、家庭结构、爸爸妈妈的相处方式、爸爸妈妈和子女的相处方式都对孩子的同伴关系有影响。孩子在家庭里形成的交往方式会在其与他人的相处中体现出来。因此，父母良好的榜样作用会极大地促进孩子同伴关系的发展。

家长可以从以下几个方面帮助孩子在同伴关系中成长。

1. 在和孩子的沟通与交流中，家长需要多多给予关心和陪伴，让孩子获得信任感与支持感。通过与家长的相处体验被他人接纳和包容，学会关心和接纳他人，敢于向他人表达自己的想法和感受，学会倾听。

2. 培养孩子的兴趣爱好。让孩子体验更多的社交娱乐方式，让孩子在娱乐中获得友情。

3. 帮助孩子建立友情观。选择良友益友，不对他人带有偏见，不歧视他人。

心理学博士对老师说

校园是学生获得友谊的重要场所。教师对学生的同伴关系的建立起着重要的作用，为学生友谊的建立起到了桥梁和纽带的作用。因此，教师要充分发挥自己的能力，帮助学生建立良好的同伴关系。

1. 关注学生的情感状态。在班级中对感到孤独的学生给予关心和指导，鼓励其主动地获得友情，与他人建立关系。

2. 注重班级同学之间的交流。鼓励学生们多表达自己，多参与集体活动，促进同学间更深入的情感支持。

3. 妥善处理同学间的纠纷和打闹。对于同学之间的矛盾，老师要做到合理协调，同时也要防止校园暴力的出现。

4. 组织一些班级互帮互助活动，让学生之间相互帮助，也有助于学生获得友谊。例如，组织学习帮助小组、良好学习习惯养成小组、故事分享会等。

老师是不是不喜欢我？

生活小剧场

最近小西的外婆生病了，小西每天回家就陪外婆聊天，一直没有心思学习。结果，小西在做昨天的语文作业时，漏掉了一道连线题。小西很害怕，因为他是语文课代表，是老师的小助手。他觉得自己辜负了老师的信任。他担惊受怕地度过了一天，无时无刻不在心里祈祷：希望老师没有注意到，希望老师不要在班上批评自己，希望老师不要叫自己去办公室。

一上午平静地过去了，下一节课就是语文课了。小西心里想："如果我在课堂上好好表现，说不定老师就不会责怪我了。"于是在语文老师的一次提问当中，他勇敢地举手了。但同时还有另一个同学也举手了，老师叫了另一个同学起来回答问题。小西难过极了，"可是明明是我先举手的呀，我可是语文课代表呀，老师为什么不点我？是不是老师生我气了？是不是老师不喜欢我了？"

心理小百科

教师依恋是儿童在家庭中对爸爸妈妈的依恋在师生关系中的延续和发展，对儿童的社会性发展有着重要的影响。美国心理学家罗森塔尔和雅各布森于1968年通过实验发现：教师对学生的殷切希望能戏剧性地收到预期效果。学生的表现会随着教师对自己的期望而变化。也就是说，教师对学生积极正向的期望会对学生产生良好的影响，使得学生逐渐朝着教师所期望的方向去发展。这个效应被称作“罗森塔尔效应”，又叫作“教师期望效应”。

心钥匙

我们都知道，作为老师，要关心、关爱班上的每一个同学，所以老师不可能随时把自己的精力集中在某一个学生的身上。每个班级都有那么多的学生，老师并不会因为你偶尔的小错误而责怪你。只要你是热爱学习、积极上进的学生，老师都会欣赏和认可的。

如果你一直被老师是否喜欢自己这种问题困扰，也许，你可以直接向老师询问。可以问问你在老师的眼中是一个什么样的学生，进而你也可以了解自己在老师眼中的表现，争取做得更好。当我们犯了某些错误的时候，我们也可以和老师沟通交流。老师会给予我们真诚的建议和鼓励，我们也能在错误中成长，避免自己一个人钻牛角尖。

心理学博士对家长说

教师依恋是儿童父母依恋在学校的延续和发展。家庭中形成良好的依恋关系可以促进孩子形成安全型的教师依恋；反之，则不利于孩子形成良好的教师依恋。如何形成良好的亲子依恋关系呢？

1. 接受并理解孩子的依恋特点。

2. 关心、关注孩子。让孩子感受到自己被关注，有助于提高其自信心。

3. 给予孩子情感支持，对孩子的情绪情感给予及时的反馈。

4. 与孩子分离时，要有意识地花时间与孩子沟通；从外面返回家时，要及时关心孩子。

5. 当家长意识到自己有做得不好的地方时，要真诚地向孩子道歉。

心理学博士对老师说

（一）关于师生关系

老师的互动风格对形成教师依恋有重要影响。老师在跟学生互动的时候，所表现出来的人际行为特点和态度称为“教师互动风格”。教师互动风格主要有领导的、帮助/友善的、理解的、学生负责自由的、缺乏主见的、不满的、训诫的以及严格的八类。

教师互动风格下建立的师生关系对学生发展和适应的影响是全面而深刻的。在帮助/友善、理解的教师互动风格下，学生有更多积极正向的学习态度，能够感受到正向的情感支持，教师有较高的开放性和自我表露，能够降低学生的交往焦虑。教师是学生成长过程中的重要他人，师生关系会对学生的社会适应产生重要影响，并且会对亲子关系和同伴关系产生重要影响。和谐的师生关系的建立更多依赖于教师自身的基本素养，对此，我们提出如下建议。

1. 教师要时时处处以身作则，在学生心中树立威信，尊重自身言行，客观公正地对待学生。

2. 有“度”地建立、和谐地发展师生关系，对学生严中有爱，爱中有严。

3. 关爱学生，亦师亦友，给予学生微笑、师爱和鼓励。

4. 利用课堂和学科特色展现自我魅力，创设情境，营造良好的班级氛围。

5. 对学生的评价应全面合理，弥补学生的心理缺失，通过健全学生人格来构建和发展和谐的师生关系。

我不想和别人说话，错了吗？

生活小剧场

随着年级的升高，小西越来越不爱和别人说话了。每天早上，小西背着沉甸甸的书包，心里裹着前一日的疲惫来到教室。看见元气满满的同学四处蹦，上一句谈着见闻，下一句说着玩笑，似乎这才是小学生该有的活力。但小西却觉得没什么好参与的，他不愿和别人有过多的交流。偶尔他也会站在一旁倾听，他只愿意用一些简单、随意的表情来回应同学和老师。就这样持续了近半学期，他依旧愁眉不展。同时他还发现，以往那些爱给他打招呼的同学也变少了！

这是为什么呢？因为自己不爱说话了？可是自己没有和他们发生矛盾呀？为什么……“我不想和别人说话，错了吗？”

心理小百科

著名心理学家马斯洛提出了需要层次理论。爱与归属的需求是第三层次的需求，而社交需求就隶属其中。与他人交流是一种社会交往的需要，每个人都没办法做到完全地孤立自己。与他人的沟通交流有利于增进彼此的感情，促进相互了解，是人们生活、学习和工作都不可或缺的部分。在与他人的交流中，我们能了解不同的观点和想法，开阔自己的视野，排解自己的情绪，满足自己的情感需求，是个体成长过程中必不可少的部分。

拒绝社交的原因有多种，比如：

1. 害怕自己说错话，担心说错话会造成不良后果，担心因为自己的一句话造成冷场或者让别人觉着自己很外行，这些都可能是我们不想说话的潜意识原因。

2. 缺少自我意识。当一个人没有自己的见解，没有自己的观点时，便很难开口。即使别人开口，自己也只能附和，附和完就没有其他的话题了。这样就会让我们觉得很尴尬，因而变得越来越不想说话。有时候我们也有自己独立的想法和观点，但是与其他人的想法差异很大，这时我们也会不愿表露。

3. 缺少沟通技巧。如果我们从小缺少沟通或者曾经在与他人沟通时受到了重大打击，我们就会变得不爱与他人沟通。

4. 情绪压抑。如果我们心里有想不开的事情，有时即使脑海里没有想这件事情，但是我们的注意力还是无法集中，与别人交流时就会显得木讷呆滞。

性格孤僻而不愿意和他人交流，可能与我们一直以来的生活方式、成长环境有很大关系。而如果是在某一时期变得不爱说话，逃避与他人接触，则可能是因为我们积累了过多的负性情绪，严重的时候需要注意是否有焦虑和抑郁的可能。

心钥匙

每个人都不是一座孤岛，我们都需要与别人进行交流。暂时不想与他人说话可能只是我们此时需要更多的自我空间。每个人都需要用自己的心理能量来填充自我空间，当心理能量不足的时候就需要补充。有的人喜欢通过和他人交流获得更多的心理能量，有的人则更喜欢和自己交流来获得更多的心理能量。其实获取心理能量的方式还有很多，我们还可以通过赞美他人、亲近大自然、阅读、运动等方式来增加自己的心理能量。当我们心理能量足够多的时候，我们就更愿意靠近他人，和别人说话了。

如果你已经很久没有和别人开怀畅聊过，不妨尝试着去做一些改变。

1. 主动向他人打招呼。

2. 与同学朋友分享自己的生活。

3. 当遇到烦心事的时候，向自己信任的人诉说，寻求安慰或者找到解决办法。

4. 多关注一些快乐、积极的事情，让自己感受更多的快乐。如观看和分享好玩的笑话或视频等方式让自己变得快乐起来。

心理学博士对家长说

如果孩子表现得比较孤僻、不喜欢说话，家长需要：

1. 反思是不是家庭氛围对孩子产生的影响。如果家长之间、亲子之间本身就缺乏沟通和陪伴，那就需要家长及时进行调整和改变。

2. 鼓励孩子自我接纳，培养勇气和自信。不想说话背后的原因可能是孩子的自卑和害羞，引导孩子多发现自己的优势和长处，在生活中多做尝试。

3. 鼓励孩子多结交朋友，多参与团队游戏和活动。

4. 多培养孩子的兴趣爱好，不仅可以帮助孩子提升自信，也可以帮助孩子排解不良情绪。

5. 如果家长对孩子的问题束手无策，可以考虑带孩子参加一些相关的团体辅导或寻求专业心理咨询师的帮助。

如果孩子很长一段时间都沉默不语并且不愿与人交流，家长还需要确认孩子是否患了孤独症。孤独症又称“自闭症”或“孤独性障碍”，是一种常见于儿童的广泛性发育障碍，主要表现为：社会交流困难，语言表达能力受限等。如果孩子出现类似症状，家长要第一时间带孩子去医院接受检查。

心理学博士对老师说

教师要尽量满足学生的社交需要，给学生充足的交流时间和空间。对于不爱交流的学生，教师要给予关爱并耐心地加以引导。

1. 经常开展团体活动，加强班级交流，帮助社交愿望低的学生融入到团体中来。

2. 单独和特殊学生沟通，了解情况，关心他们的心理健康情况。

3. 组织学生通过写作、书信的方式将自己的心事和想法告诉老师、家长和朋友。

我想和他们玩儿，但我不知道怎么和他们说

生活小剧场

周末，小西的父母和壮壮的父母带着他们来到了游乐场。在这里小西和壮壮看到一群孩子在小沙滩里玩得不亦乐乎，他们也想要加入其中。小西和壮壮分别做出了如下行为。

小西：脚步缓慢，不敢上前。尽管妈妈一直让小西走过去和那些小伙伴打招呼，小西还是迟疑不前。他低着头，磨蹭了好几分钟，依旧还在原地。

壮壮：大步跑上去，笑嘻嘻地挤着小伙伴。有时会去抢其他小伙伴的玩具，如果小伙伴不给他，壮壮还会跟他们理论。

心理小百科

社交是儿童社会化必须经历的一个过程，其中同辈社交又扮演着极其重要的角色。当儿童想要融入同辈群体时，不同气质类型的儿童会有不同的表现。多血质的儿童比较活泼开朗，善解人意，他们会主动去沟通，并快速地融入新群体中；胆汁质的儿童性格比较急躁，他们可能不太能顾及他人的感受，喜欢擅自加入群体中去；黏液质的儿童行动比较缓慢，性格比较内向，他们融入新群体的速度会比较慢；抑郁质的儿童情绪敏感而脆弱，他们可能会对新群体很抗拒。

心钥匙

你是否也想和其他小朋友一起玩，但却不知道怎么加入他们呢？如果是，那你可以试试这些办法。

1. 勇敢地去交流。小朋友们都是很友善的，只要你去沟通，一般情况下，他们都是不会拒绝你的。

2. 借助他人的帮助。如果最开始你实在不好意思去打招呼，你可以让爸爸妈妈或好朋友帮你打招呼。等你和小伙伴逐渐熟悉后，自己没有那么紧张了以后，你就可以试着自己去打招呼啦。

3. 分享是建立友谊的秘密法宝。带一些小零食或小玩意和小朋友们分享，会收到意想不到的效果。

心理学博士对家长说

家长要帮助孩子养成良好的社交能力，可以从以下方面入手。

1. 多一些宽容和耐心。如果孩子不愿意主动打招呼，家长不要强求，更不要当众责怪孩子。孩子需要慢慢进步，揠苗助长只会适得其反。

2. 为孩子创造一个充满爱和理解的环境。例如，早晨起来相互问早安，出门时相互说再见，帮忙后说谢谢等，然后引导孩子和同学、邻居、亲戚打招呼。

3. 当孩子勇敢地尝试以后，家长要及时给予反馈和积极的评价。

心理学博士对老师说

社交是每一个人必不可少的能力，而校园是培养学生社交能力的最好场所。

1. 鼓励学生参与社交。教师平时可以多分配给学生一些社交任务。比如，去其他班借教具，邀请其他班的同学参加活动等。

2. 多组织一些社交活动。比如联谊会、主题班会、才艺表演等。

3. 成立社交帮扶小组，让社交能力好的同学主动帮助不太会社交的同学。

我太争强好胜了，怎么办？

生活小剧场

自从丽丽成功地当选为班上的文艺委员后，很多同学想和活泼可爱的她做朋友。可是有一天，班上来了一个新同学，叫小文，她长得很可爱，唱歌也好听。班上以前和丽丽关系好的同学也纷纷和这个新同学关系紧密起来。丽丽很不开心，处处想要比小文做得好，于是每天都积极地表现自己。她发现小文的学习成绩很好，别人都喜欢问她问题。于是丽丽就说自己也学得很好，让同学们不要去问小文，来问自己就好了。为了使自己的学习成绩超过小文，丽丽每天都要学习到很晚。最让丽丽头疼的是，无论是上课还是下课，她都要时刻关注小文，看她在干什么，看有哪些同学在跟她玩。一想到小文，丽丽就变得紧张、焦虑。妈妈觉察到丽丽的不对劲，向她了解了事情的缘由，然后对丽丽说："你太争强好胜了。"

心理小百科

竞争是个体或群体间力求胜过或压倒对方的心理需要和行为活动。每个人都有竞争意识。适度的竞争可以使人精神振奋、积极向上、努力进取，使人追求卓越，拥有上进心；面对竞争结果也能正确看待，合理调整自己的状态。如果一个人的竞争意识太弱，缺乏好胜心，就会安于现状，失去创新力，容易随波逐流，对错误缺乏认识，不思改进，也会慢慢变得懒惰；但是如果一个人的竞争意识太强，好胜心过度，也会迷失自我，变得强势，极度渴望他人的赞赏和认可，最终导致嫉妒、固执、不善合作、受情绪困扰。

心钥匙

没有人希望自己比别人差，为了让自己变得更好而付出努力是一件值得赞扬的事情。但如果处处都把自己拿来和他人进行比较，会让自己的神经一直处于紧绷的状态。长此以往，我们不仅不会感觉到快乐，还会让自己越来越累。身心的疲乏，更会阻碍我们进步。

如果我们想让自己变得更加优秀，首先应该了解自己的优势和不足，让自己在优势领域里越做越好，弥补自己的不足，这样我们才能变得更优秀！

其次，应该和自己做比较，而不是把别人当作标准去进行比较。每个人都有特点和优势，不可能把所有人的所有方面都一一对应进行比较。

心理学博士对家长说

孩子有竞争意识本身是一件好事，但是好胜心过强或者过弱都不利于孩子的成长和发展。如果教育得当，竞争意识会成为孩子不断进取的动力。家长该如何培养孩子适当的竞争意识呢？

1. 培养孩子的胆识。胆识就是胆量与见识。有了胆量，孩子就敢于冒险，敢于迎难而上；有了见识，孩子就会博闻强识，驾驭现实。

2. 培养自信，克服孩子的自卑感，让孩子自由参加竞争。当孩子在竞争中遭受失败或挫折时，父母要正确引导孩子分析失败的原因，帮助孩子总结经验教训，调整竞争目标，寻求更有效的竞争方法，以备在下一次竞争中能够扬长避短，取得成功。

3. 要引导孩子公平竞争。父母在培养孩子竞争意识的过程中，也应让孩子明白，竞争者应具有广阔的胸怀，以实力超越他人。父母在培养孩子的竞争意识时，既要培养孩子具备敢于竞争的勇气，也要帮助他们养成恪守竞争道德和规则的涵养。

4. 让孩子学会正确坦然地面对竞争结果。孩子的竞争意识太强可能导致孩子只听得到赞扬，不允许有批评的声音，家长应帮助孩子走出认识误区。

心理学博士对老师说

竞争是学校教学中不可缺少的一部分。但是教师在合理利用竞争进行教学的同时，也要重视学生间的合作与互助。

1. 教师应善于为学生创造竞争的机会。教师应适度地创设一些竞争活动，例如开展“卫生竞争月”“纪律守卫”“优秀作文积分赛”等竞争项目。

2. 指导学生选择合适的竞争参照。引导学生在选择竞争目标时应该选择和自己差距不大的对象，培养学生的自信心和耐挫力。

3. 培养学生不怕失败的心理品质。在每次竞争或者考试结束后，让学生自我总结，在进步中勉励，在退步中总结经验。

4. 帮助学生树立正确的竞争观念。应避免嫉妒心理的出现；竞争应是在合作的基础上进行，学会竞争也要学会合作。

第六章

亲子关系

我一点也不想回家!

生活小剧场

乐乐的班主任李老师打算在离开学校前再去检查一下教室的门窗关好没有。当她来到教室后，发现教室里竟然还亮着灯，乐乐一个人坐在教室里，神情落寞。李老师发现了乐乐的不对劲，走过去问道："乐乐，你怎么了？为什么不回家呢？"乐乐抬起他红肿的眼睛，带着哭腔说："老师，我一点儿也不想回家。爸爸妈妈每天都在吵架、摔东西，我一回去他们就骂我，我做什么他们好像都不满意。老师，我不想回那个家了！"

心理小百科

布朗芬布伦纳提出了对个体发展产生影响的四个系统，由内而外分别是：微观系统、中间系统、外部系统和宏观系统。根据布朗芬布伦纳的生态系统理论，对于儿童而言，家庭是与儿童发展联系最紧密的微观系统，是儿童身心发展过程中最重要的环境。家庭环境的好坏，会直接影响儿童的身体健康和学业表现，还会对儿童的心理健康发展产生潜移默化的影响。儿童的成长离不开家庭，一切善良、美好的品质和优良的素质都是首先在家庭中萌芽的。父母科学合理的期望会使孩子形成健康上进的心理；而期望过高、指责过多，则会使孩子形成自卑、退缩、压抑的心理。家长在生活中满足孩子的合理需要，可以促进儿童心理健康发展。

心钥匙

当爸爸和妈妈产生矛盾纠纷时，我们通常会感到无助、害怕和难过。但是我们需要明白的是父母吵架并不是我们的错。我们需要保护好自己并尝试做一些力所能及的事，比如：

1. 在爸爸妈妈平静时，主动向爸爸妈妈表达自己在他们争吵时的害怕和难过，希望以后他们不要再这样了。

2. 告诉自己：爸爸妈妈或者家庭的矛盾并不是每时每刻都在发生。每个家庭都有闹矛盾的时候，也有很和谐快乐的时候，不应该只看得到不好的时刻而忽略幸福温馨的时刻。

3. 向他人寻求帮助。如果你感到很痛苦并且无能为力，可以向其他重要家人和老师寻求帮助。

心理学博士对家长说

原生家庭给孩子造成的影响会伴随其一生。父母应尽量为孩子营造一个温馨、和谐的家庭氛围。父母长期性的吵架会给孩子带来不安全感，对孩子生活的方方面面产生影响。家长要通过和平合理的方式解决家庭矛盾，避免造成更多的负面影响。

1. 重视亲子沟通，提高沟通质量。

2. 组织丰富多样的家庭活动。无论是散步、吃饭、看电视等稀松平常的家庭活动，还是旅行、露营等特殊的家庭活动，都是增进家庭成员幸福感的好机会。家庭活动频率越高，亲子关系越好，孩子的亲社会行为越多，感恩意识也就越高。

3. 营造良好的家庭情绪氛围。爸爸妈妈应学会控制自己的情绪和行为，在生活中多合理表达自己的情绪，营造积极正面的家庭氛围。如果确实无法控制应避开孩子，也需要在争吵后向孩子解释父母情绪爆发的原因和过程，争取把对孩子的影响降到最低。

4. 寻求婚姻家庭心理咨询师的帮助。

心理学博士对老师说

学校是影响力仅次于家庭的微观系统。当学生因家庭问题而出现困扰时，老师应及时给予学生支持和帮助，减少家庭矛盾对孩子的心理伤害。

1. 如果发现学生有情绪异常，需及时与学生家长沟通。让家长及时了解家庭问题对孩子造成的影响，引起家长的重视。

2. 在学校和班级营造友爱、互助的氛围，让学生感受更多的情感关怀。

3. 通过家长会等途径让家长知道营造良好家庭环境的重要性。

爸妈为什么总是啥都要管？

生活小剧场

放学回家，小西告诉爸爸，他和同学约好了这个周末一起出去玩。爸爸立即问道："周末什么时候？要去多久？有哪些同学？去什么地方？怎么去？有大人跟着吗？去干什么？"小西实在是听不下去了，把书包一扔，大吼道："你问够了吗？你怎么什么都要管啊？我平时买个东西你要问，我出去玩你也要问，我听什么歌你要管，我看什么书你也要管，你怎么什么都要管啊！"小西冲了出去，"啪"的一声把门摔上。

心理小百科

8个月左右的婴儿能够将自己与外界区分开，1岁左右的婴儿能够将自己与他人区分开，1.5岁的婴儿能够用外貌特征认出自己，2岁左右的婴儿可以用名字来称呼自己。这些都是个体自我意识发展历程中的重要里程碑。自我意识的不断增强让儿童的独立意识也逐渐增强。儿童渴望独立可以理解为儿童希望有更多的个人空间，能自作主张，自由地活动，做自己喜欢的事和摆脱爸爸妈妈、老师的限制。

小学阶段的儿童独立意识蓬勃发展，但他们的身心发展却还未成熟，社会经验也有所欠缺；一方面他们没有足够的独立生存能力、思维能力和经济能力，另一方面他们在学习和生活的方方面面又需要依赖成人。这种独立自主需求与独立能力缺乏之间的矛盾往往是亲子冲突爆发的主要原因。

在个体心理发展早期，渴望独立的愿望和对现实环境的依赖之间的矛盾一直是个体心理发展的重要特点，在青春期时表现得最为明显。当二者不能很好协调时，青少年的心理就会产生较大的冲突，使成长的道路充满曲折。青少年智力和情感的不成熟以及独立心理的不稳定会导致青少年向成人的转变过程中出现诸多问题，例如“啃老现象”。

心钥匙

我们总感觉爸爸妈妈处处都要管着我们，他们可能只是不太放心自己的孩子。在我们很小的时候，在我们最初开始认识世界和接触世界的时候，我们对爸爸妈妈是完全的依赖；随着我们不断长大，我们渐渐地开始想要摆脱爸爸妈妈的管束，这是我们渴望独立自主的表现。这时候，我们迫切地需要爸爸妈妈改变他们对待我们的方式。我们可以这样做：

1. 和爸爸妈妈沟通，向他们清楚地表达自己的想法和感受；也可以通过写信等方式告诉爸爸妈妈自己长大了，希望有更多的个人空间。

2. 确认自己是否足够独立，对事情的安排是否考虑周全。

3. 长大不是一蹴而就的，在成长的道路上也需要父母的帮助。多认真倾听爸爸妈妈的意见和观点，他们的意见也能帮助我们成长。

心理学博士对家长说

管理是一门艺术，对孩子的管理更是需要张弛有度。过度干预、过度奖励、过度保护都可能会导致孩子学习动力不足、缺乏责任感、松懈懒散。而对孩子的不管不问则会让孩子觉得父母不重视自己，缺乏家庭温暖。

作为家长，我们可以这么做：

1. 多和孩子沟通交流，分析问题，倾听孩子的想法。

2. 多放手，培养孩子的自主管理能力。可以试着把一些孩子力所能及的事情交给他们自己去完成。

3. 不放任，培养孩子的规则意识。给孩子一定的自由空间自己做决定，让他们自己制定规则和奖惩制度等。

4. 让孩子为自己的事承担后果。

5. 合理奖惩，激发孩子的内在动力。

心理学博士对老师说

老师应注重培养学生的独立意识、规则意识，既不能过于激进，也不能让学生一直停留在依赖的舒适区；教会学生平衡独立与依赖、独立与规则之间的关系。

1. 鼓励学生自己的事情自己做。

2. 为学生独立自主发展提供条件。

3. 鼓励学生敢于面对困难，勇于挑战困难。

4. 鼓励学生承认自己的错误，并付诸行动去改善。

爸爸妈妈总和我说“别人家的孩子”好厉害

生活小剧场

“你看看你，写字写得歪歪扭扭的，你看看人家乐乐的字，多工整，多漂亮！”

“人家瑶瑶又考了100分，你才考了90分。刚上小学就比别人差，以后功课难度大了，你哪跟得上啊！”

“你看看别人家的小朋友，在家里还帮爸爸妈妈分担家务，再看看你，简直像个小少爷一样……”

最近很长一段时间，小西都被妈妈嘴里“别人家的孩子”给困扰着。明明自己也很努力了，明明自己也考得不错，明明自己还在竞赛中获奖了，可是妈妈好像看不到这些。她总是在自己面前说别人家的孩子怎么样，有多优秀，甚至当着小西和别人的面夸人家的孩子多厉害，说自己的孩子没什么用。小西有些郁郁寡欢，反正自己的闪光点妈妈都看不到，那索性不学习不参加竞赛好了……

心理小百科

小学阶段儿童的自我评价能力还不完善，其自我认识往往来自他人，尤其是重要他人的评价。家长对孩子长期的消极评价会导致孩子的自我否定，从而形成自卑懦弱的性格。家长长期把孩子与他人比较，会引起孩子的抵触与反感，影响亲子关系。基于“别人家的孩子”的比较，带来的往往不是知耻而后勇的积极进取，反而可能是自卑感的成倍增加和对自我价值的否定。

心钥匙

父母也许会经常批评你，认为你做得不够好，甚至还拿你和其他人比较。我想你一定觉得不好受吧。如果与别人的比较让你觉得不舒服，你可以跟爸爸妈妈多沟通，告诉他们自己不喜欢被拿来比较，你需要多一些鼓励。父母其实也能看到你的闪光点，他们没有或者忘记说出来，他们只是想通过这种方式让你变得更好。因此，你要坚信爸爸妈妈提出的问题并不能掩盖你自己本身的优点，如果改正了这些缺点，自己就会变得更优秀。

心理学博士对家长说

以“别人家的孩子”为比较标准对自己的孩子进行比较是许多家庭亲子教育过程中长期存在的独特方法。由于年龄和经验的限制，小学儿童习惯于从成人的态度和评价中形成对自我的判断，他们经常无法对自身能力做出客观、正确的评估。家长们对孩子基于“别人家的孩子”的比较的目的在于通过比较让孩子明确自己与榜样间的差距，由此激发出孩子的羞耻感，促进其积极向上。但如果家长让孩子感觉到家长看不到孩子的长处，总是对孩子不够满意，事事否定、指责，最后只会让孩子萌生出自卑之心。相较于打击和批评，孩子更需要的是鼓励和赞美。作为父母，应该：

1. 不要总是拿孩子的缺点与别人的优点相比较。偶尔的比较可能会激发孩子的动力，但是过度比较会引发孩子的抵触与不满。多拿孩子的现在与过去比较，看到孩子在成长过程中的进步和努力。实在无法避免拿孩子与其他孩子相比较时，要引导孩子客观地看待自己的优点和缺点；在指出孩子缺点的同时也要让孩子感受到父母对他的优点的肯定，父母指出的问题仅仅是问题本身而不是否定孩子的全部。

2. 给孩子积极的反馈和激励。毫不吝惜地给予孩子表扬和肯定，强化孩子对自我长处与优势的认识，多给孩子正面的鼓励，尽量减少对他们的挖苦、讽刺与责骂。

心理学博士对老师说

在学校教育中，不少教师都喜欢把不同的学生拿来比较，但这其实非常不利于小学生的健康成长。虽然适当的竞争可以激发学生的学习热情，但是一味地比较却只会增加学生的心理压力，破坏同学间的友谊，严重时还会导致学生产生厌学和逆反心理。作为老师，应该多采取鼓励式教学，要善于发现每个孩子的能力和闪光点，强化孩子对自我长处与优势的认知，帮助孩子树立自信心。

爸妈对我太溺爱了吗？

生活小剧场

壮壮的爸爸妈妈对他非常好，平时都特别温柔可亲地跟他说话，就算壮壮犯了错也不会责怪他；壮壮要啥就给啥，从来没有反对过他。但最近，壮壮越来越不喜欢这种感觉，他觉得爸爸妈妈太爱他了：“我最近特别想学做饭，可是爸爸妈妈说做饭太危险了，要打开天然气，又要动刀，就是不让我学；上次六一儿童节，我本来想自己折一束花的，可是当我第二天醒来的时候，爸爸妈妈已经把折好的花放在我桌子上了。他们平时从来不让我干活，也不让我洗衣服。我好想告诉他们，我已经长大了，我可以自己做一些事了！”

心理小百科

我国学者刘金花将父母对子女的教养方式类型分为溺爱型、放任型、专制型和民主型。

溺爱型教养方式的父母对孩子过分宠爱，把孩子当成自己的全部，完全没有自我，接受并满足孩子所有请求甚至无理要求。此类孩子抗挫折能力、社交能力差，自大或自卑、敏感，对爸爸妈妈的依赖性极高。

放任型教养方式的父母对孩子漠不关心，投入较少时间陪伴，对孩子要求极为宽松，孩子具有极大的自由度。这种教育方式下，孩子缺少情感支持，导致其性格和心理扭曲，会形成较强的攻击性和较高的犯罪倾向。

专制型教养方式的父母对孩子的行为严格规定，极少考虑孩子精神世界，忽视孩子的意见。孩子易自卑、被动、顺从或者逆反心理极强。

民主型教养方式的父母对孩子较为和善，尊重、理解和支持孩子的自主选择，但也对其有一定的原则要求，并有适度的限制。在这种教育方式下，孩子自强、自立、处事不惊、社会性发展较好。

心钥匙

我们想自己做一些事情却总是被爸爸妈妈拒绝，他们仿佛为我们准备好了一切。但是，这真的是我们想要的吗？父母对自己的溺爱是一个温柔的陷阱，我们不希望爸爸妈妈对自己溺爱，说明我们已经具有独立自主的意识。那么该怎么告诉爸爸妈妈不要溺爱自己呢？

1. 在日常生活中，可以做一些力所能及的小事，让爸爸妈妈看到我们的成长。比如主动分担一部分家务等。

2. 拒绝爸爸妈妈对自己过分的满足和奖励。比如，爸爸妈妈总是无条件地满足我们的任何需求，那么我们可以跟他们协商，当我们表现好的时候再满足需求。

3. 与爸爸妈妈讨论。我们可以多和爸爸妈妈讨论，他们的哪些行为属于他们太爱我们的表现，你的感受是什么，他们可以怎么样一点点改变，以此来减少爸爸妈妈对我们的溺爱。

心理学博士对家长说

父母疼爱自己的孩子是很正常的事情，但疼爱应该适度。溺爱不仅无法让孩子健康成长，还会限制孩子天赋的发挥，让孩子错过一系列发展的关键期。如果家长发现孩子以自我为中心、自私自利、不懂礼貌、不讲卫生、脾气火爆时，应该反思自己是否过分溺爱孩子，并采取以下措施进行调整。

1. 减少满足。改变孩子要什么给什么的回应方式，告诉孩子他们需要通过一定的表现来获得自己想要的东西。

2. 减少特别对待。不要觉得家里任何事都没有孩子重要，把孩子放在最重要的位置，给孩子特殊待遇。

3. 减少对孩子的特别关注。相信孩子可以在没有家长的帮助下自己完成许多事情。当孩子达到自己的目标后家长要及时给予鼓励，切勿过度关注和过度奖励。

4. 不要过度赞美和夸奖。对孩子的表扬和夸奖要切合孩子的努力和行动，不要夸夸其谈。

5. 采取民主型的教养方式。在家庭内营造民主的氛围，凡事要多问孩子的意见，让孩子有拿主意的权利。

心理学博士对老师说

溺爱会让学生养成许多的不良行为习惯。学生的不良行为习惯会在他们与同学、老师以及他人的相处中表现出来。对于娇生惯养的学生，老师应当：

1. 在学习和学校活动中培养学生独立自主的意识，鼓励他们学会独立自主。

2. 通过班会、辩论赛、心理课堂等多种形式的活动让学生了解父母的哪些行为属于溺爱、溺爱的不良后果，让学生进行自我分辨并付诸行动去改变。

3. 加强家校沟通，让家长了解溺爱对孩子造成的负面影响并教给家长正确的养育方法。

爸爸妈妈好像并不爱我

生活小剧场

“乐乐再见!”小西对着乐乐挥了挥手，然后牵着妈妈的手离开了。

乐乐一个人站在校门口，看着其他同学一个个被爸爸妈妈接走，心里有些落寞。他的爸爸妈妈因为工作太忙，很少来接他，所以他只能一个人回家。打开门，看着空荡荡的家，乐乐熟练地自己热饭、做作业、洗漱。一天当中能见到爸爸妈妈的时间少之又少，学校组织的亲子活动他们也是能不去就不去。而在与父母偶尔在一起的亲子时间里，爸爸妈妈也只是关心他有没有长高，成绩怎么样，要不就是对他进行说教。睡觉前，小西看了一部动画片，动画片里说，每一个爸爸妈妈都是爱自己的孩子的。

那天晚上，乐乐在日记里写道:“动画片都是骗人的，我的爸爸妈妈不爱我。”

心理小百科

依恋是人与人之间持久的心理联结。人从出生后，会逐渐对自己的爸爸妈妈、亲密家人产生依恋，上学后会对老师和朋友产生依恋，成人后会对自己的伴侣、孩子产生依恋。个体幼年、童年时形成的依恋关系会直接影响到未来与他人亲密关系的发展。如果依恋缺失或者形成不安全的依恋关系，会直接导致孩子的情绪、行为问题。

情感情绪的发展是儿童时期的一项重要的心理发展内容。其中，子女与父母之间良好的亲子依恋关系将有利于孩子形成积极健康的亲密关系。亲子关系是指爸爸妈妈与子女的关系，这是一种双向的人际关系。个体发展早期，儿童除了在身体、生活上依赖父母，还需要从父母那里获得安全感、归属感、尊重和爱。等自己为人父母后，个体的心理发展也会受到儿女身心发展的影响。

通过对父母与婴幼儿的相处模式的观察，心理学家总结出了不同的依恋类型。最基本的三种依恋类型如下。

1. 安全型

父母对孩子的需要积极关注，子女从爸爸妈妈的爱中体验到安全感，并能积极健康地成长。这种依恋类型的孩子勇于探索新事物。在与父母分离时，会伤心、难过；但是一旦和父母重聚，他们就会破涕为笑。

2. 反抗型

父母往往根据自己的意愿而非孩子的需要给予孩子关心和关爱。孩子感受到更多的控制和无休止的唠叨，从爸爸妈妈的行为中不能获得稳定的安全感。孩子害怕与父母分离，与父母分离时情绪异常激动；但与父母在一起时又对父母异常愤怒，对父母的靠近表现出抗拒情绪。这种类型的孩子在人际交往中可能会表现出容易嫉妒，希望时刻被他人关注，以自我为中心等特点。

3. 回避型

父母忽视孩子的需要，较少给予关注和关心。孩子在爸爸妈妈行为的影响下，对感情的接受能力变弱，表现出与他人较少的情感互动，不喜欢和人交流，共情能力低，缺乏同情心，不喜好结交朋友等特点。

亲子关系是我们每个人来到这个世界所接触到的第一种人际关系。良好的亲子关系会对个体的言语发展、人格形成产生重要的影响。在归属与爱的需求方面，个体从亲子关系中感受到的被爱、被需要、被欣赏、被接受等心理体验奠定了他在人际关系中的适应能力。一个好的亲子关系会对其人际关系的发展产生积极的影响；忽视孩子归属与爱的需要极有可能导致孩子对他人缺乏信任，不善于建立良好的人际关系。

心钥匙

不是每个人天生就知道该怎么表达自己对别人的爱的，也许你的爸爸妈妈就是这样的人。当我们觉得自己的爸爸妈妈不够爱自己的时候，我们可以通过其他的方式去发现，也许他们对我们的爱就藏在其他的地方。比如：有的爸爸妈妈把爱藏在陪伴里；有的爸爸妈妈把爱藏在衣食住行中；也有的爸爸妈妈对子女要求严格，把爱藏在希望自己的孩子越来越独立和自强中。

如果你觉得感受不到爸爸妈妈的爱，那么你可以直接告诉他们，希望他们能更加地关心、关爱自己。同时，你也要在日常生活中更多地表达自己对爸爸妈妈的爱哦。比如：给他们捶背，关心他们，向他们分享自己的快乐，或者对他们说一句“我爱你们”。

心理学博士对家长说

纵然婴幼儿时期所形成的依恋关系会对孩子的一生产生重要影响，但依恋关系的形成并非是一成不变的。只要家长能够及时地关注孩子的需要，及时觉察，在儿童期也依然可以改善孩子的亲子依恋关系。

孩子的成长过程，也是家长心理成长的重要时期。如果仅仅把焦点集中于孩子外部的成长，片面地关注孩子的生理成长和学业，忽视孩子对爸爸妈妈的爱的需要，有可能造成严重的亲子问题。一方面，孩子的成长深受父母的影响，爸爸妈妈的积极成长行为也会感染到孩子。孩子与爸爸妈妈之间的亲密关系处于一种积极健康的互动之中，有助于亲密关系的双向促进。父母要鼓励儿童向自己表达他们的意见，参与家庭事务的讨论，能以家庭一分子的身份发挥作用。另一方面，每一个父母都是上一代亲子关系下成长起来的子女，其个人特点、教育方式、价值观等各方面都有上一代亲子教育的影子。因此，家长应该不断地进行自我觉察和分析，不断地学习和提高，在亲子关系的建立中展现出上一代亲子教育的优点，避免缺点。

心理学博士对老师说

教师通过孩子和家长两个角度来帮助孩子及家长改善亲子关系。

1. 引导孩子理解爸爸妈妈，发现爸爸妈妈对他们爱。老师要理解孩子的需要，了解父母的爱对这个时期的孩子的重要性。从学校教育的角度出发，可以引导学生去发现爸爸妈妈对自己的爱；可以给学生布置与爸爸妈妈沟通的家庭作业，让他们学会向父母表达自己的感受和需要；等等。

2. 做好家长的沟通工作。现实生活中，一些父母由于工作繁忙或者缺乏正确的教育理念，常常表现出家庭教育的角色缺失。教师可以通过与家长的沟通，帮助学生表达他们对父母关爱的渴望，让家长多关注孩子，了解孩子在学校的表现。

爸爸妈妈愿意听听我的意见吗?

生活小剧场

小西家里的电脑买了好几年了，配置有些跟不上了。这段时间爸爸妈妈经常在一起讨论家里应该换台新电脑。小西之前在网上看到一个人气很高的推荐电脑配置的视频，就给爸爸妈妈推荐了这个视频，可是爸爸妈妈都说没有必要买这么好的配置。

过了几天，新电脑买回来了，爸爸妈妈又商量着要把新电脑放在哪儿。小西觉得自己平时学习需要查资料，电脑应该放在书房。但妈妈却说电脑放书房会影响小西做作业，小西如果要查资料可以等作业做完再用电脑。最后，电脑放在了爸爸妈妈的卧室里。

小西难过极了，“为什么爸爸妈妈就不愿意听我的意见呢?”

心理小百科

亲子关系是父母与子女之间的一种双向作用的人际关系。父母的教养方式以及对待子女的态度都会直接对孩子的身心发展产生影响。心理学研究表明，亲子关系在很大程度上将影响儿童今后的人际交往水平。在小学阶段，由于自我意识的飞速发展，儿童希望自身的价值能够得到体现。最直接的表现就是孩子们具有得到父母认同的急切需求。如果父母采取民主的教养方式，经常听取孩子的意见，孩子就会充满自信，觉得自己在家庭中很有存在价值；如果父母经常忽视孩子的需求，就会挫伤孩子的自尊心，不仅容易使孩子对自我产生怀疑，也不利于良好亲子关系的建立。

心钥匙

也许爸爸妈妈并非不愿意听取你的建议，他们只是觉得你还太小，怕你想得不够周全。你可以心平气和地和爸爸妈妈沟通，告诉他们你的诉求；让他们知道你已经长大了，有自己的想法，也想为这个家建言献策。这样，爸爸妈妈一定会对你刮目相看的！还有，当你向爸爸妈妈表达你的看法时，良好的语气和态度会让父母更加愿意听取意见哦！

心理学博士对家长说

小学阶段的儿童正处于需要建立自我价值、克服自卑的阶段，而父母是小学阶段儿童的重要社会支持来源，因此当孩子认真提出意见时，家长要仔细聆听并及时做出回应。千万不要觉得孩子还小就忽略他们的感受，哪怕最终不采纳孩子的意见，父母也一定要充分地尊重他们，同时要向孩子说明理由，并鼓励孩子以后继续提出自己的意见。

心理学博士对老师说

对学龄期的儿童来说，学校也是他们在自我发展的历程中建立自我价值、获取自我效能的重要场所。教师要让学生积极参与班集体的建设，让学生大胆地提出自己的想法和建议。同时，班级里同龄小伙伴们的意见交流与碰撞还能更好地激发学生的创新思维。

原来我也可以当爸爸妈妈的老师

生活小剧场

乐乐发现爸爸最近在玩一款他已经玩了很久的手机游戏。他对爸爸说："爸爸，你怎么开始玩这个了？"爸爸笑着说："上次公司团建，那些新来的员工都在玩，我看着还不错就想试试。"

"不对，不对，你这里不能这么玩。"看着爸爸生疏的操作，乐乐忍不住"指导"起来。

看着乐乐如此游刃有余，爸爸显得有些意外："乐乐好厉害，想不到爸爸还不如你呢。"

乐乐得意地说："那可不，我会的还多着呢，爸爸你有什么不会的可以问我哦！""原来我也可以当爸爸妈妈的老师。"乐乐心里开心极了。

心理小百科

反哺本指雏鸟长大后，衔食来喂养母鸟，常用来比喻子女长大后奉养父母。而文化反哺是指在文化极速变迁的时代所发生的，年长一代向年轻一代进行广泛的文化吸收的过程。随着社会变迁的加剧，新规则、新事物如雨后春笋层出不穷。年长一辈的人所学的知识、规则可能已经无法满足新的社会需求，这时就需要年轻一代对他们进行文化反哺，帮助其快速适应新的社会环境。

心钥匙

当小老师的感觉是不是很棒呀？爸爸妈妈也不是万能的，他们也会有不知道或者不擅长的领域。如果恰好你很擅长，那么你可以毛遂自荐，当爸爸妈妈的小老师，他们一定会乐意接受的。不过，你也要顾及他们的感受，不要太得意忘形哦。

心理学博士对家长说

文化反哺是社会转型期的必然现象。家长不要觉得自己落伍了，更不要觉得丢脸。在知识和信息爆炸的当今社会，原有的校园学到的知识早已经不能满足工作的需要了。终身学习已经成为越来越重要的生存手段。作为家长，孩子的文化反哺可以为我们注入新鲜的文化“血液”。家长要尊重孩子，虚心接受孩子的反哺，和孩子共同成长，共同进步。

心理学博士对老师说

在传统的教育观念中，教师与学生之间的知识流向是单向的，是纯粹意义上的教育者与被教育者的关系。但教师受多种因素的影响不可能一直与时代同步，原先在校接受的教育、知识、技能甚至价值判断都会有所落伍。因此，教师如果要保持自身的先进性，也需要不断地接受学生的文化反哺。

越是命令我，我越不想这样做！

生活小剧场

妈妈发现小西老是喜欢和自己对着干。妈妈让小西去写作业，小西偏要看一集动画片再去；妈妈让小西晚上八点之前必须回家，小西偏要拖到八点半；妈妈让小西不要留太长的头发，小西偏要拖着不去剪。

这孩子是怎么了，妈妈心里很是纳闷。有一次，妈妈实在忍不住了，就问小西："你怎么老是不听话呢，叫你往西你偏要往东！"

小西没好气地回答道："你可以不要命令我吗？你越是命令我，我越不想干！"

心理小百科

逆反心理是指个体根据自己的理解和情绪，对正确的方面盲目地持反抗、抵制与排斥的态度。儿童的成长过程中存在着两个逆反期，第一个逆反期是三四岁的时候，儿童由于自我意识的萌发，希望能够获得行动上的独立，对父母的照顾表现出反抗；第二个逆反期一般出现在青春期前后，表现为儿童和家长、老师强烈的观念冲突。儿童表现出逆反是正常的现象，对处于这个阶段的儿童，家长和教师都应该保持较高的耐心。

心钥匙

或许有时候你真的觉得爸爸妈妈很烦，他们老是唠叨，命令你，不顾及你的感受。但你要明白，他们这么做的初衷都是为你好。所以，你要推心置腹地跟他们交流，和他们商量你觉得舒服的相处方式，千万不要因为不满就处处和他们对着干。

心理学博士对家长说

父母不切实际的期望、唠唠叨叨，对孩子过于严厉等都容易触发孩子的逆反心理。如果孩子表现出逆反，家长可以：

1. 保持冷静。与孩子发生冲突时要冷静，不要使冲突加剧，可以暂时离开或者坐下来心平气和地谈。

2. 寻求新的相处模式。当孩子对原有的相处模式表现出抗拒时，家长要及时转变相处模式，可以和孩子商量，听听他们的意见。

3. 保持耐心。逆反心理会随着孩子年龄的增长而逐渐削弱，家长对逆反期的孩子要有充足的耐心，要体谅他们，理解这是他们所处年龄阶段的特征。

心理学博士对老师说

当学生表现出逆反时，教师同样需要保持耐心，真诚地与学生沟通，把学生放到和自己对等的位置，尊重学生。同时，逆反心理也有一定的积极意义，它可以激发学生勇敢、好求胜、有闯劲、能求异、能创新等积极的心理品质，教师要利用学生的逆反心理帮助学生建立这些优秀的品质。

我的人生由我做主

生活小剧场

乐乐和妈妈一起买菜回来，正好碰到壮壮妈妈带着壮壮去上篮球班。乐乐妈妈打招呼说："壮壮妈，又带孩子去练篮球啊，昨天不是才去过吗？"

壮壮妈妈笑着说："可不得抓紧练啊，毕竟他以后要吃这碗饭的。我跟他爸爸都想好了，等他初中毕业就送他去参加青训，以后打职业篮球。他这天赋，不打球太可惜了。"

"壮壮，你喜欢打篮球吗？"乐乐妈妈问壮壮。壮壮看了看自己的妈妈，欲言又止。

"他一个小孩子懂什么，我们都替他安排好了。"说完，壮壮妈妈便带着壮壮离开了。看着他们远去的背影，乐乐对妈妈说："其实壮壮一点也不喜欢打篮球，他给我说过，他想当一名画家呢。妈妈，你也会强迫我去做我不喜欢的事吗？"

乐乐妈妈摸了摸乐乐的头，说："当然不会，你的人生你做主。"

心理小百科

职业规划是个体对职业生涯乃至人生进行持续的系统的计划的过程。职业规划会对个体的发展产生巨大的影响，应当结合个体的实际情况和主观意愿来决定。如果父母不听取孩子的意见就帮孩子规划好人生，不仅不利于孩子的成长，还会对亲子关系造成负面影响。

心钥匙

你有想过自己以后要从事什么职业，过什么样的人生吗？如果你还没有想过，你可以问问自己的父母，看看他们有什么建议。如果你的父母已经帮你规划好了，但那并非你所想的，你也要大胆地说出来，相信爸爸妈妈一定会理解你的。最重要的是，在做任何规划和决定之前我们都要好好地去了解一下这些职业、领域到底是什么样的，不能凭自己的想象和他人的描述就草草做下决定哟！未来的世界很大，未来的路也很长，我们可要多去了解、多去尝试。

心理学博士对家长说

虽然说职业规划要尽早，但也不能操之过急。父母在帮孩子进行未来职业规划时更多的是起辅助作用，而非决定性作用。

1. 尊重孩子的意见。在进行职业规划前，家长一定要认真听取孩子的意见，不要一厢情愿地觉得孩子适合做什么。毕竟，兴趣才是最好的老师。

2. 结合实际情况考虑。家长一定要了解孩子的情况，包括性格、天赋等，不要一味地追求热门的职业，要选择最适合孩子的职业。

心理学博士对孩子说

如今，很多学校都开设了职业规划课程来帮助学生们更好地进行职业规划。作为教师，要帮助学生树立职业规划的意识，根据学生的职业规划进行有针对性的教学和训练。同时，通过职业规划去激发学生学习和奋斗的动力。

不要随便动我的东西！

生活小剧场

今天家里大扫除，妈妈在打扫小西的房间时，发现小西桌子的抽屉开着，里面杂乱地摆着许多东西。妈妈想着帮小西收拾收拾，却发现里面有一个日记本。

“这孩子还学会写日记了？”妈妈在心里嘀咕。正当妈妈犹豫要不要打开看看时，小西正好走了进来。小西看到妈妈手里拿着自己的日记本，生气极了。他一边大喊道“不要随便动我的东西”，一边就将妈妈赶出了自己的房间。妈妈不知道小西为什么这么生气。“难道这孩子有什么秘密瞒着我？”妈妈很想冲进去质问小西，但她又怕自己会再次刺激到小西，一时间很是为难。

心理小百科

隐私是一种与公共利益、群体利益无关，当事人不愿意他人知道或他人不便于知道的信息。乔哈里将人际沟通划分为四个区域，即所谓的乔哈里窗：人知我也知（公共区）、人知我不知（脊背区）、我知人不知（隐秘区）、我不知人也不知（未知区）。当隐秘区受到侵犯时，个体会因安全感受损而表现出强烈的抵触情绪。每个人都有隐私，都需要一定的私密空间。儿童进入青春期后，其隐私意识会越来越强烈。家长要尊重孩子的隐私，不要随意窥探和侵犯。

心钥匙

如果爸爸妈妈侵犯了你的隐私，你也许会觉得很生气，这是很正常的。你可以坦诚地向他们表达自己的不满。大部分时候父母因为太关心你，因此在发现你有秘密时，他们会猜测和想象，担心你有危险。这时，你需要调整好自己的情绪，告诉他们自己很好，不需要为你担心。在目前，有些事情你不想告诉他们；当你想说的时候，你会主动告诉他们。

心理学博士对家长说

隐私是导致亲子矛盾的重要因素之一。随着孩子独立意识的觉醒，他们开始不想依赖父母，需要有自己掌控时间和空间的权利，想要自己制订计划和方案并实施。当孩子有了只有自己知道不愿意说出来的小秘密时，就标志着他们长大了、独立了。这种成长正是他们未来独立生活的基础。

随着年龄的增长，孩子也和成人一样，有了一些小秘密。当发现孩子有事情瞒着自己的时候，很多家长为了了解孩子、保护孩子，想去窥探孩子的隐私。此时，家长可以向孩子主动询问，表示自己的关心。但一定要尊重孩子的隐私，不窥探孩子的秘密。

如果家长实在不放心，可以和孩子“约法三章”。比如，家长保证不侵犯孩子的隐私，但是孩子必须保证遵守学校和社会规范，有困难第一时间告诉家长。

心理学博士对老师说

隐私同样也是导致师生矛盾的重要因素之一。教师在处理学生的隐私时，应做到：

1. 充分尊重学生的意愿。教师不能未经允许在班上朗读学生的日记、周记等，更不能随意检查学生的书包等私人物品。

2. 保密原则。如果学生告诉了老师自己的隐私，或老师无意间获取了学生的隐私，一定要严格保密，避免对学生造成伤害或消极影响。

3. 教师同样要教育学生尊重他人的隐私，帮助学生形成良好的隐私意识。

我要如何回应爸爸妈妈的期望呢?

生活小剧场

小西的爸爸毕业于一所名牌大学，他一直期望着小西全面发展，将来能够考上一所好大学，成为一个优秀的人。小西的妈妈每天都督促小西喝下很多的牛奶和营养品，送他学习篮球和足球，她希望小西长得又高又壮，能够在体育技能上发挥自己的特长。小西的爸爸妈妈总是对他说:“小西，你是我们全家的骄傲与希望，你一定会成为最棒的孩子!”

面对爸爸妈妈的期望，小西显得有些力不从心。虽然他也想尽力做到最好，但他觉得自己好累，并且也无法保证自己一定能达到他们的期望。

“我要如何回应爸爸妈妈的期望呢?”小西心里很苦恼。

心理小百科

在之前的章节中大家已经了解了罗森塔尔效应，教师的期望能够对学生产生积极正向的影响，使学生朝着教师所期望的方向发展。这个效应其实也同样适用于家庭教育哟。但要注意的是，有时候他人的期望对于个体而言实际上也是一种压力。中等水平的期望能最有效地激发孩子的动力;如果期望水平过高，会让个体背负过大的压力，产生诸多负面的影响。

心钥匙

爸爸妈妈在你的身上倾注了大量的心血，因此，他们会对你有所期望。可能有的时候，父母对你的期过太高，会让你感到有些压力。这时，你可以：

1. 调整心态。理解爸爸妈妈对你的付出和期望。爸爸妈妈对你的爱是无私的，即便你达不到他们的期望，他们也依然会爱你的。

2. 与父母沟通。当父母对你的高期望给你带来困扰时，你可以坦诚地与他们沟通。告诉爸爸妈妈，你知道他们对你的期望，也会更加努力地发展自己。就目前而言，与那些大目标相比，也许先达到一些小的目标会更为实际。

心理学博士对家长说

心理学研究表明，原生家庭对孩子的影响会伴随其一生。原生家庭对孩子寄予的期望也会对孩子的成长和发展产生巨大的影响。家长可以：

1. 适当地调整期望。家长要客观、合理地评价孩子的能力，根据孩子的实际情况来设定期望，不要仅凭自己的期望去要求孩子。过高的期望不仅不容易实现，还会让孩子望而却步，止步不前。

2. 为孩子设定一些分阶段的小目标。家长对孩子的期望不要太笼统而遥远，比如什么有出息、干大事之类的。可以根据孩子所处的阶段，提一些具体而现实的小目标，比如，这周的听写错误率减少到多少，这次期末考试上升多少名次等。

3. 加强与孩子的情感联结。要让孩子感受到父母对孩子无条件的接纳和爱。建立在无条件的接纳和爱的基础上的期望才会内化为孩子内心对自己的要求和期望。父母与孩子的情感联结越强，孩子去回应家长期望的动机与意愿才会越强。

心理学博士对老师说

1. 增强专业素质。教师要了解学生的心理需求和心理特点，多与学生做直接的、面对面的交流。提高自己的道德修养水平，严格遵守职业道德规范，杜绝体罚和言语伤害。

2. 建立良好的师生情感联系。教师的一举一动都会影响学生对教师的态度，教师应该真诚而公平地对待每一个学生。

3. 使用客观合理的评价机制来评估学生的能力。对不同能力的学生教师要提出不同的期望，有针对性地进行教学，做到因材施教。

4. 强调隐性课堂的作用。隐形课堂里更能体现出以学生为本的思想。当教师在心里真正地关心、关爱学生，就会在其言行中流露出真诚的激励。

第七章

道德发展

我们是一个班集体！

生活小剧场

一年一度的运动会开始了。现在是同学们最为期待和关注的班级接力环节。“砰！”枪声一响，只见运动健儿们冲出了起跑线，手里紧握接力棒，奋力向前跑，赛场上喧嚣四起。

正当大家的注意力都集中在遥遥领先的小西同学身上时，突然，小西脚下一滑，摔倒了，手里的接力棒滚到了一旁。小西懊恼地看向周围的同学，以为同学们都要责怪他。但没想到的是，同学们这时纷纷喊：“小西加油！小西加油！”顿时，小西觉得整个身体充满了力量，马上站起来捡起接力棒继续向接力的乐乐跑去。当他跑到乐乐身边时，乐乐对他说了声“你很棒！”

原来这就是团结啊！大家没有因为他的摔倒而责怪他，反而是一直鼓励他，给他加油呐喊。果然团结就是力量！

心理小百科

集体，是一种有组织形式的团体，具有一定的活动范围，共同的经济基础、思想基础和共同的社会利益。集体主义更强调集体内成员融洽发展。团队精神是集体主义的体现，其核心是协同合作。协同合作反映的是个体利益和整体利益的统一，从而保证组织的高效率运转。对于小学生来说，班集体就是最常接触的集体。

心钥匙

从你进入班级的第一天开始，你就已经是班集体的一员了。你要学会关心同学，与同学友好相处，共同进步。要团结同学，协同合作，在班级需要自己的时候积极出力，为班级争光！只有班集体好了，班级里的每一个同学才会好，这就是集体的魅力。

心理学博士对家长说

集体观念是儿童社会化和道德发展的重要组成部分。培养集体观念的方式有很多，家长可以：

1. 发挥榜样作用。家长可以带孩子看电视、电影，参观英雄事迹馆，通过榜样的作用来激励孩子形成集体意识。

2. 引导孩子关注集体。在生活中，我们可以有意识地引导孩子去关注集体劳动、集体精神。

3. 鼓励孩子参与集体活动。实践出真知，只有孩子切实参与集体活动才能更好地体会到集体观念。

心理学博士对老师说

在学校里帮助学生树立集体主义精神，让他们从小知道与他人相处、协作是非常重要的。

1. 将集体主义融入课堂。从小组发言，到分组竞赛，通过课堂设计将集体主义的思想融入其中，营造一个轻松活跃、团结向上的课堂氛围。

2. 成立学习小组。让学生以小组为单位参与课堂学习与讨论。

3. 多组织一些集体劳动、体育活动等，让学生跳出书本知识，在实践参与中感受到集体的力量。

4. 替代强化。当其他班级获得集体荣誉时，教师可以加以引导，激发学生的集体意识。

友情从分享开始

生活小剧场

今天小西要上暑假托管班，妈妈让小西带了两个红苹果去教室。好朋友乐乐对小西说：“你可以给我吃一个苹果吗？”小西心想：自己只带了两个苹果，一个中午吃，一个下午吃。如果我给乐乐一个苹果，那我下午就没有苹果吃了。于是，小西拒绝了乐乐，自己吃起了苹果。

下午上课前，李老师走进教室对乐乐说：“乐乐，你妈妈给你送来了橘子。”乐乐开心地跑了过去，边接边说谢谢老师。乐乐回到座位后，却没有马上吃橘子，而是问小西：“你现在渴不渴？这个橘子给你啦。”小西想到之前自己拒绝了乐乐，不好意思接。可乐乐却说：“吃吧，好东西就要和朋友分享啊！”

心理小百科

亲社会行为是指符合社会期望并对行为者本身无明显好处，而行为者却自觉自愿给行为的受体带来利益的一类行为。分享是亲社会行为的一种，是将自己喜爱的物品、美好的情感及劳动成果与他人共享的一种行为。分享是个体亲近群体，克服自我中心，以关爱同伴的方式获得快乐的一种较高层次的行为。相比幼儿时期，小学阶段的儿童具有明显的去自我中心化的特点。小学时期，儿童的分享行为在社会期望、道德发展等因素的影响下迅速发展。

心钥匙

你是否愿意把你爱吃的糖果分享给其他小伙伴呢？你是否愿意把你新买的漫画书借给你的好朋友呢？一个人吃糖果和看漫画是快乐的，但如果你把它们分享给别人，那你将收获两份快乐。同时，当别人有糖果和漫画书的时候也会第一时间分享给你哦！通过分享，你还能建立和维持与别人的友谊，赶紧行动起来，去分享快乐吧！

心理学博士对家长说

懂得分享的孩子普遍具有较高的道德水平，家长可以通过以下这些方法来培养孩子的分享意识。

1. 家长是孩子最好的榜样。在生活中，家长首先要以身作则，经常关心、帮助他人。如夫妻之间谦让、和睦，与邻居友好相处。

2. 在日常生活中，家长要给孩子传达“好东西要同大家一起分享”的观念，提醒孩子要懂得分享。当孩子表现出分享行为时，要及时鼓励强化。

3. 当孩子表现出不愿意分享时，要尊重孩子的决定，不要粗暴地强迫孩子，压制孩子的言论和需求；事后可以跟孩子讨论他不愿意分享的原因和后果。

心理学博士对老师说

1. 教师要以身作则。借给其他老师教具、电脑等这些小小的行为，都会对学生产生积极的影响。

2. 在学生中树立榜样。老师可以将乐于分享的同学树立成榜样，让其他学生向他学习。在学生有分享行为的时候及时给予表扬和奖励，以激励其他学生。

3. 开展一些以“分享”为主题的班会和活动，在实践中教会学生分享。

给小伙伴取外号嘲笑他们，真的好吗？

生活小剧场

乐乐刚一进教室，就发现小西趴在桌子上抽泣。他连忙上前询问："小西，你怎么了？谁欺负你了？"小西哭着说："壮壮他们说我是小矮子，还给我起了个'侏儒'的外号，呜呜呜……"

乐乐生气地说："这个壮壮，就喜欢嘲笑别人，给别人起外号，真是讨厌！"乐乐把这件事告诉了李老师。李老师在班上严肃地批评了壮壮，壮壮再也不敢随便给别人起外号了。

心理小百科

绰号分为两种：一种是善意的，无侮辱性的，是平常亲人朋友等人使用的称谓；另一种则是恶意的，侮辱性的，是一种不尊重人的表现，侵犯了别人的人格尊严。语言暴力是使用谩骂、诋毁、蔑视、嘲笑等侮辱歧视性的语言，致使他人的精神上和心理上遭到侵犯和损害。而侮辱性的绰号实际上就是语言暴力的一种。在校园环境里，起侮辱性的绰号会对学生的心理造成阴影，从而使其变得自卑、自闭，抵触外界，甚至形成心理疾病。

心钥匙

如果有人给你起侮辱性的绰号，那你一定要坚决地回应他，让他不要再这样做。如果他不听，那就告诉老师，让老师来处理，绝对不能纵容这种行为。

如果你给别人取过侮辱性的绰号，那你一定要停止这种不好的行为。要学会换位思考，想想，如果是别人这样叫你，你会有多难受？

心理学博士对家长说

小学阶段的儿童存在共同的特点：自尊心强、敏感。在孩子的学校生活以及日常生活中，家长需要时刻关心注意孩子的变化和异常。当你发现孩子正在经历或者曾经经历过言语暴力，一定要引起重视。

1. 在日常生活中不要责骂、挖苦孩子。当孩子被反复说“笨”“丑”“懒”，既会影响他们的自我认知，又会严重打击孩子的自信心，同时也容易使其周围的同伴对他采取孤立、嘲笑的态度。

2. 当孩子被起侮辱性绰号时，家长要及时安慰孩子，给孩子注入心理能量；同时要找老师沟通，防止类似的情况再发生。

心理学博士对老师说

起绰号不仅是一个个人行为，更涉及一个班级的班风建设。如果老师放任不管，可能会造成严重的后果，影响班级学生的身心健康。

1. 对于取绰号嘲笑别人的这种行为，老师要严厉制止。老师可以通过角色扮演的活动让学生换位思考，如果自己被小伙伴嘲笑会是一种什么感受。

2. 提升班集体的凝聚力。当班级的学生都有很强的集体意识和集体归属感时，起绰号的现象会减少很多。

我做错了吗？

生活小剧场

这段时间，小西班上出现了校园欺凌。有几个同学总是联合起来欺负小美，还威胁小美的朋友小西也不能和小美一起玩。有一次，小西因为帮助小美也被那几个同学欺负哭了。现在，每天上学、放学都没有小朋友和小美一起走，她的抽屉里被塞满了垃圾，课本上被人写了骂人的话，分组活动时也没有人敢和她一组。更让小美难过的是，只要她向老师反映，受到的欺负就会更严重。小美给爸爸妈妈说，他们反而问小美是不是有什么事做得不对。而那几个欺负小美的人呢？每天嘻嘻哈哈地上学，嘻嘻哈哈地放学，好像没事人一样。

小美感到无助和绝望，忍不住想：“难道真的是我做错了吗？”小美越来越害怕学校，越来越不想上学。爸爸却说小美只是在逃避，只是在为不上学找借口。甚至有一天早上，小美说自己不想去学校的时候，爸爸还大发雷霆，动手打了小美；还说自己辛辛苦苦上班挣钱就是想让小美好好学习，而不是让小美撒泼打滚换着法子给家长添堵。

心理小百科

校园欺凌是指在学生之间，一方蓄意或者恶意通过肢体、语言及网络等手段实施欺压、侮辱，造成另一方人身伤害、财产损失或者精神损害的行为。伴随着实际或认知到的权力不平衡，会在一段时间内反复发生或有反复发生的可能性。校园欺凌是最常见的校园暴力，一般分为直接欺凌和间接欺凌两种。近几年来校园欺凌行为时有发生，校园欺凌问题已经成为社会和学校不容忽视的问题。对个人而言，校园欺凌会影响受欺凌儿童的大脑发育，危害儿童的身心健康，影响其学习成绩。对欺凌者来说，校园欺凌可能会影响其社会认知，导致他们在情绪感受和情绪表达上出现问题；严重的还会影响其人格的发展，导致其出现问题行为和犯罪行为。欺凌者进入社会后可能存在人际交往困难、高犯罪风险等问题。除了欺凌者和受欺凌者，校园欺凌也会对其他人造成影响。旁观者可能会对上学产生抵抗和畏惧，出现注意力不能集中、不能正常参与学校活动等情况。校园欺凌如此可怕，我们应该如何防止呢?

心钥匙

如果你遭受了校园欺凌，首先要明白错的不是自己。或许你会对自己所处的环境是否安全、公正产生怀疑，你可能感觉到自己的安全受到威胁，因而产生对学校的抵触和厌恶，甚至对未来抱有悲观和消极的态度。别害怕，勇敢地去寻求帮助，你可以：

1. 保护好自己。及时寻求同伴和家人的陪伴，尽量避免自己一个人。无论在哪种情况下，首要的任务是确保自身的安全。

2. 寻求老师、家长或是警察的帮助，向他们说明情况。“受到欺负就要忍受”“受到欺负是自己的错”的说法都不是正确的。不管欺凌者的借口听起来到底有多么理直气壮，他们做的依然是错事，而做了错事的人，就应该得到惩罚。

3. 寻求心理援助。如果你感到自己受到了很重的打击，心里难以承受，可以寻求专业的心理援助。

心理学博士对家长说

校园欺凌一旦发生，无论是欺凌者还是被欺凌者，都会受到很大的负面影响。家长不要以为孩子只是在学校被欺负了（欺负别人）就掉以轻心，要时刻对校园欺凌保持高度的敏感性和警觉性。具体而言，家长可以从以下方面着手。

1. 留意孩子性格上的变化，并想办法了解变化产生的原因。不管是施加欺凌还是遭到欺凌，孩子都会出现明显的性格变化。比如：欺凌者的性格可能会变得乖张、易怒、自以为是；被欺凌者可能会变得孤僻、胆小，或是身上长期存在伤痕、唾液等。如果发现孩子出现类似的情况，家长一定要及时了解情况；必要时要与孩子的同学和老师及时沟通。

2. 如果发现自己的孩子是遭受欺凌的一方，家长首先要安抚孩子的情绪并确认孩子受到欺凌的程度；接下来要及时联系老师了解清楚情况，并与欺凌者的父母进行沟通。沟通过程中，态度一定要坚决，必要时可以报警或寻求法律援助。

3. 如果发现孩子是施加欺凌的一方，家长同样需要及时参与、处理。首先要及时制止孩子的行为并对孩子进行正确的教育。一方面要及时与老师、被欺凌的孩子及其家长沟通；另一方面要多与自己孩子进行沟通，了解事情发生的原因和过程，不要一味地责骂或体罚孩子，必要时可以带孩子去进行专业的心理辅导。

不要把校园欺凌当作小事，当作简单的同学之间发生摩擦。校园欺凌的恶劣影响很有可能改变孩子的未来，改变一个家庭的走向，还有可能威胁到孩子的财产或生命安全。在校园欺凌事件中，欺凌者往往都是心智尚不成熟的孩子，做事不考虑后果，没有责任心，认知逻辑扭曲。作为家长，一定要保护好自己的孩子。当情况太严重时，让孩子休学、转学或者寻找心理医生进行心理危机干预都能够帮助孩子规避有害环境，还孩子一个充满光明的童年。

心理学博士对老师说

小学是校园欺凌的高发时期。究其原因，是由于小学生的同伴意识和占有意识发展迅速，但其心智却尚未发育成熟。防止校园欺凌是教师的职责所在。每天与学生朝夕相处使得教师能够在第一时间了解到学生的情况，因此教师在防止校园欺凌中起着非常重要的作用。

1. 预防欺凌。在班级里选取多名观察员，及时向老师报告班上发生了什么事情。教师可以通过开展班会活动，加强班级团结，让学生明白什么是尊重。通过家校联合，向家长普及相关知识，预防校园欺凌的发生。

2. 及时采取措施。如果班上发生了欺凌事件，要根据相关程序上报信息，及时联系双方学生家长。安抚当事学生，妥善处理学生的情绪。事后向班级学生公开处理过程和结果，强调欺凌的恶劣影响。对欺凌者按相关规定严肃处理。当家长说“孩子还小，不懂事”时，一定要向家长声明：“正是因为孩子还小，所以更需要成年人帮助孩子及时纠正，树立正确的价值观、人生观和世界观。”如果事态严重，需移交司法机关等相关机构。

4. 教育学生“引以为戒”。让学生明白校园欺凌的严重性，教育学生做事要考虑后果，即使年龄还小，做了错事也需要承担相应的后果！

公物是我们的小伙伴

生活小剧场

下周一就轮到小西做国旗下讲话了。小西想到了前几天在学校看到有些同学随意践踏花草、踢翻垃圾桶、洗完手不关水龙头等行为。他对那些不爱护公物的行为感到非常气愤。因此，小西决定，这次发言的主题就是“爱护公物”!

心理小百科

公共资源是有限的，肆意地浪费公共资源会导致资源短缺，损害的不仅是公共利益，最终也会影响每个人的利益。爱护公物是德育的重要组成部分。小学阶段是儿童的道德发展水平从他律到自律发展的重要时期。与成人相比，小学生自制力较弱，道德认知还处于较低的发展水平。儿童的道德行为还具有情境性的特点。在老师、父母或者群体的监督下，儿童能表现出良好的道德行为；但在没有外界监督或者自己没有觉察到监督的情况下，儿童有时可能又会表现出不良行为。通过家长、老师、同伴以及社会舆论等外部环境的示范和引导，儿童最终会在自己的内心逐渐形成一套自己的道德标准和评价体系。

心钥匙

爱护公物是我们每一个人的责任。无论是在学校，还是在社区、医院、游乐场等公共场所都要爱护公物，节约公共资源。只有这样，我们的社会才能更加和谐、有秩序。你可以：

1. 培养自己保护环境、节约公共资源、爱护公物的意识。

2. 从身边小事做起，在日常生活中随时提醒自己爱护公物。

3. 当自己意识到有一些不好的行为习惯时，可以求助周围的人监督自己。

心理学博士对家长说

家长应注重言传身教，在日常的生活小事中培养孩子爱护公物的意识，让孩子学着好好与公物“相处”。在生活中让孩子正确认识周围事物，明白它们存在的意义。例如：花草是用来欣赏和美化环境的；垃圾桶是用来装垃圾的，踢翻了就会破坏环境；桌子是用来辅助我们学习的，而不是刻刻画画的。

心理学博士对老师说

教师可以通过以下这些方法培养学生爱护公物的意识。

1. 组织实践、劳动活动，让学生与公物“亲密接触”，例如：植树、修剪花草、制作垃圾桶等。

2. 与学生一起制定奖惩制度和规则。对爱护公物的学生给予奖励，不爱护公物的学生接受批评与惩罚。

做一个诚实守信的好孩子

生活小剧场

小西这次的语文考了100分，老师奖励他了一个精致的文具盒。回到家，小西把这个好消息告诉了妈妈，妈妈也非常高兴。但是回到房间的小西突然发现老师给他改错了一道题，所以他应该是97分而不是100分。这时的他矛盾极了，心里在想，到底要不要和老师说清楚。如果说清楚，那就没有文具盒了；如果不说清楚，他就不是一个诚实的好孩子了。

带着这种矛盾的心情，小西实在吃不下去饭。妈妈看到小西这样，询问他怎么了。小西把事情的原委告诉了妈妈。

妈妈说："人不能贪心，不属于自己的东西就不能要，妈妈相信你能做出正确的选择。"

小西问妈妈："那如果同学因为我没有考100分而笑话我呢？"

妈妈回答说："才不会呢！相反，他们还会因为你的诚实而对你刮目相看呢。"

最后，小西选择诚实地向老师说明自己没有考100分，并且退还了文具盒。老师因为小西的诚实奖励他了一个荣誉贴纸，并且给小西授予了"诚实守信好孩子"的荣誉称号。

心理小百科

道德冲突是个体或群体因道德认知、道德情感或道德行为的不一致而产生的矛盾。当我们遭遇道德冲突时，要坚守我们的道德品质。适当的道德冲突情境有助于儿童明确道德概念，增强道德判断和道德抉择的能力。因此，教师可通过讲述道德两难故事、组织学生对班内道德难题展开讨论、不断向学生提出稍高于其道德发展水平的道德要求等措施来创设道德冲突的情境，促进其道德发展。

心钥匙

你是否有过不诚实的时候呢？没关系，知过能改就是好孩子。从今天起，让我们做一个诚实守信的好孩子吧。

1. 不要觉得和老师或者父母说了实话，他们就会责怪自己。谎言需要更多的能量去维护，但诚实却能使我们释怀。

2. 诚实可能需要勇气。勇敢承认，争取下次做得更好，让大家看到自己的诚实、勇敢。

心理学博士对家长说

很多时候孩子说谎仅仅是出于自我保护，害怕被责骂、责罚，本身是没有恶意的，也不涉及道德层面。家长首先应该弄清楚孩子说谎的原因，再去纠正孩子的错误行为。一般来说，处理孩子的说谎行为有以下几点原则。

1. 以身作则。家长自身要诚实守信，给孩子树立良好的榜样。

2. 发现孩子的说谎行为时，不要过度责备孩子，要用发展的眼光来看待问题，给孩子改正的机会。

3. 批评孩子的行为时应就事论事，针对问题分析和解决，不要动辄就上升到道德层面，伤害孩子的自尊心。

4. 强化孩子的道德行为。当孩子做到诚实守信时，家长可以给予适当的奖励。

心理学博士对老师说

诚实是宝贵的品质，教师可以这样培养学生诚实守信的品质。

1. 以身作则，起示范作用。确保自身具有优良品质才能够感染到学生。

2. 强化日常学习生活中的引导和教育。多给学生看一些相关的视频或文字材料，潜移默化地帮学生形成道德观念。

3. 在班级里设立一个每周诚信小标兵，让学生通过实际行动来获得此荣誉。

第八章

生命与成长

死亡是什么?

生活小剧场

又是阳光灿烂的一天，小西背上小书包准时出现在了教室里。上课铃响了，小西端正地坐在自己的座位上等待着数学老师马老师的到来。时间一分一秒地过去，走廊里却始终没有响起那熟悉的脚步声。同学们都你看看我，我看看你，谁也不知道发生了什么，大家都不明白为什么一向准时上课的马老师今天怎么突然不见了身影。终于，一阵急切的脚步声响起，一个身影出现在了教室门口，同学们定睛一看，居然是班主任李老师。李老师走上讲台，清了清嗓子，说："同学们，今天的数学课暂时取消，马老师的父亲去世了，这节课上语文课……"

小西眨了眨眼睛，原来今天马老师没来上课是因为他的父亲去世了。

心理小百科

死亡，又称为"过世""去世"等，是指丧失生命、生命终止。身边的小花、小草总是会在春天发芽，在冬天枯萎；每个人的一生都会经历从生到死的过程。这就是自然界的规律，谁都不能打破。个体在死亡的时候伴随的会有呼吸停止、心跳停止、脑细胞停止工作这些生理变化。小学阶段的儿童对死亡有了初步的认识。但这个时期的孩子由于知识有限，身心尚未发育完全，因此可能会出现死亡焦虑的现象。死亡焦虑是对即将到来的或终将到来的死亡产生的恐惧、焦虑、不安的心理状态。死亡焦虑可能是有意识的，也可能是无意识的。

心钥匙

同学们，当你们第一次接触“死亡”这个字眼的时候，可能会害怕。也不要憋在心里，可以跟父母说说，跟老师交流，他们会给予你更多的指导。司马迁曾经说过:“人固有一死，或重于泰山，或轻于鸿毛。”人生非常短暂，因此我们要更加珍惜生命。除了死亡，人的一生还可能会面临非常多的困难，比如考试失败，升学压力，被别人误解等。当自己非常难过的时候，一定要及时告诉爸爸妈妈或老师，和他们讲讲你最近的烦心事。千万不要一个人憋着，有时候跟小伙伴倾诉一下也会让我们轻松很多。

心理学博士对家长说

生命教育是一种全人教育，涵盖了人从出生到死亡的整个过程和这一过程中所涉及的各个方面。既关乎人的生存与生活，也关乎人的成长与发展，更关乎人的本性与价值。生命教育看上去非常高深，其实就藏在日常生活中。当你带着孩子去参加葬礼时，也许就是让孩子认识和了解死亡的最好机会。在孩子的教育中，不需要忌讳死亡，也不要觉得孩子还小。每个年龄阶段都应该认识和了解死亡，因为认识死亡是生命教育的基础。只有正确地认识死亡，孩子才会尊重生命，敬畏生命。

心理学博士对老师说

生命教育是人生当中非常重要的课程。

1. 当学生开始向老师询问有关死亡的问题时，老师不要感到恐慌和惊讶。这个时候正是老师向学生进行生命教育的好机会，教师要帮助学生正确地认识死亡。

2. 小学低段的孩子很容易出现死亡焦虑。他们可能会担心自己死亡，担心父母亲人死亡。教师可以通过班会讨论、心理课程、读书分享等活动帮助学生缓解死亡焦虑。

3. 当学生的死亡焦虑过于严重时，就需要寻求专业机构或专业人员的帮助。

再见，奶奶

生活小剧场

“滴答滴答”，输液管里的药水一滴一滴地滴落，奶奶的面容依旧慈祥。小西坐在奶奶的病床边，紧紧握着奶奶的手，身边的亲人也围在旁边。小西感觉到奶奶手心的温度正在一点点降低，但是奶奶却仍然非常坦然地微笑着。她用满是皱纹的手抚摸着小西的手，小西的眼泪止不住地滴落下来……

在奶奶的葬礼上，小西默默地看着墙上奶奶的遗照落泪。“我再也看不到奶奶了，再也听不到奶奶的声音了。”小西非常难过。

心理小百科

在重要的亲人或好友离世之后，我们或多或少都会出现一些应激反应，比如：绝望、麻木、迟钝、食欲减退、精神萎靡、泪流不止、做噩梦等。不用特别担心，这些反应都是正常的。最晚在三个月左右，当事人就会恢复到亲人或好友离世前的心理状态。但是，如果这些反应持续的时间超过三个月，就需要进行专业的心理干预，通过个别心理咨询或心理团辅，使用哀伤辅导类的技术，利用社会支持帮助当事人重建信念系统，使其心理健康水平恢复到心理危机之前的水平。

心钥匙

面对亲人离世，如果感到悲伤，痛痛快快地哭一场也许会让我们轻松一些；也可以把我们想要对亲人说的话写下来，写好之后，可以折成小船放到小河里让它漂走。

亲人的离世固然让我们非常悲伤，但是他们只是换了一种形式陪在我们的身边。正如电影《寻梦环游记》里描述的那样，死亡也许会把我们和家人分开，但是爱却不会，去世的亲人应该会希望我们能够更加坚强和幸福地生活下去。

心理学博士对家长说

面对重要他人的离世，小学阶段的儿童可能会产生比较强烈的悲伤情绪。在这个关键时期，家长一定要抽出时间陪伴孩子。可以带孩子出去散散心，帮助他们调整情绪和心态。这段时间需要家长细心地观察，密切关注孩子的心理健康状况。如果孩子出现持续好几个星期的失落和沮丧，就需要及时带孩子去专业的心理机构寻求帮助。

心理学博士对老师说

哀伤辅导协助人们在合理时间内，引发正常的悲伤，并健康地完成悲伤任务，以增进重新开始正常生活的能力。专业的哀伤辅导需要由专业的心理咨询师实施，接受过培训的教师也可以对学生进行简单的哀伤辅导。当班级里有学生的亲人过世时，老师要给予这些学生更多的关心与温暖。教师需要和学生一起处理情绪，并帮助他们接受自己的情绪；同时也可以号召其他的同学一起关心这些同学，帮他们渡过难关。如果超出自身能力范围，要及时与学生家长和学校心理咨询中心联系。

生命的意义是什么？

生活小剧场

经历了父亲去世的马老师在这周终于回到了学校。课堂上，马老师向同学们提出了一个问题："同学们，你们认为生命的意义是什么呢？"

小红说："我觉得生命的意义就是每天都可以穿漂亮的裙子！"

乐乐说："我觉得生命的意义就是每天都可以吃到妈妈做的美味饭菜！"

壮壮说："生命的意义就是取得好成绩，然后当一名警察叔叔。"

听了同学们有关生命意义的回答，大家不由得咯咯地笑了起来。忽然，马老师注意到了旁边一直不吭声的小西，于是走过去轻轻地拍了拍小西的肩膀，问他："小西，你觉得生命的意义是什么呢？"

小西挠挠头，说："我也不知道……我一直都不太明白我们为什么要活着，我也不知道生命的意义是什么。"

心理小百科

埃里克森关于个体心理发展的八阶段理论认为，在个体发展的每一个阶段都有一个需要解决的任务与冲突。也就是说，每个阶段都有每个阶段需要解决的任务，只有顺利完成了这个任务才能更好地去完成下一个阶段的任务。对于小学阶段的儿童，其发展任务就是努力学习，体验勤奋感，并且促进自身的健康成长。

心钥匙

你也有过跟小西一样的烦恼吗？你是否会忽然询问自己有关生命意义的问题？是不是有时候也觉得自己生活没有目标，不知道该干什么呀？

其实这是每个人都会思考的问题，没有统一的标准答案。但如果我们主动成为自己生命的“主人”，把“命运”牢牢地掌握在我们自己手中，我们就更容易找到生命的意义。看过电影《哪吒之魔童降世》的同学应该听过这样一句话，“我命由我不由天”。是的，只有我们自己才能决定我们能够成为什么样的人，决定自己以后的方向，无论是爸爸妈妈还是老师都不能代替我们做决定。

鲁迅先生曾经说过这样一句话，时间就像海绵里的水，只要愿挤，总还是有的。我们的生命既是有限的，也是无限的。在这样瞬息万变的世界中，我们更应该学会去规划属于我们自己的人生！

每个人都应该设立自己的愿望和目标。小朋友们，当你们心里有一个想要达成的目标之后，你可以将这个目标进行分解，一步一步地去实现，这样也许更有利于你去完成这项目标。

心理学博士对家长说

一些家长可能会说，孩子还这么小，怎么就涉及人生规划了呢？其实从孩子上幼儿园开始就已经开始涉及人生规划了。当孩子无法理解为什么要与父母分离，为什么要上学，为什么要做作业时，我们给孩子的回答就是关于人生规划的答案。

人生规划是一个长期、动态的过程，在孩子人生发展的不同阶段有不同的内容和变化。家长们应该根据孩子不同发展阶段的特点去引导孩子了解和思考生命的意义和人生的规划。

心理学博士对老师说

对于小学阶段的学生，人生规划非常重要。为什么要学习？为什么要做作业？为什么要努力？我到底应该学点什么？人生的意义是什么？这些都是小学阶段的孩子经常思考的问题。缺乏人生规划的小学生活可能充斥着对学习和生活的迷茫、无助和厌倦。

人生规划不仅仅局限于职业规划，还应该包括时间安排、人际关系、家庭生活、兴趣爱好等的合理规划。合理地进行人生规划和设计可以让小学生明确努力的目标，在学习和生活中找到方向，体验到更多的自我掌控。

感受生命的美好

生活小剧场

晚上回家的时候，小西发现爸爸妈妈有些神神秘秘的。吃晚饭的时候，妈妈高兴地对小西说：“小西要做哥哥了。”小西非常高兴，他伸出手轻轻地抚摸着妈妈的肚子，问道：“这里真的有一个我的弟弟或妹妹吗?”

爸爸微笑着说：“是啊。小西，你以前也是从这里出来的呢!”

小西睁大了眼睛，轻轻地把耳朵贴到妈妈的肚皮上，里面似乎什么声音也没有。妈妈轻声地说：“我还记得你七八个月的时候，在我肚子里蹦跶得可厉害了。”爸爸哈哈大笑起来，“当时我们就知道，这肯定是个好动的男孩子。”说完一家人都笑了起来。

心理小百科

生命的孕育是一个漫长而艰难的过程。当男性的精子和女性的卵子结合后，受精卵要在母亲的子宫里待满足十个妊娠月的时间，才能发育成为一个成熟的胎儿。生命因爱而产生，又因爱而诞生。每个生命的诞生都是神奇而伟大的。因此我们要珍爱生命，我们要尊重生命!

幼儿园阶段的儿童保留有“泛灵论”的思维特质，认为万物皆有灵。其实这种“泛灵论”的倾向会让儿童保持一颗对自然、生命的敬畏之心，这种敬畏之心能让儿童更好地感受到生命的价值，从而学会更好地看待自己的生命。

小学阶段的儿童的思维发展处于具体运算阶段。这一时期，儿童的思维开始具有守恒性，明白事物不会凭空出现或消失，开始了解和思考这个世界的规律和事物之间的相互联系。因此，这一阶段是对儿童进行生命教育的非常重要的时期。

心钥匙

我们每个人都是爸爸妈妈爱的结晶，借由爸爸妈妈的爱来到这个世界。古语有云："身体发肤，受之父母。"我们的每一根头发，每一寸皮肤都是爸爸妈妈给予我们的，所以我们应该好好地珍惜和爱护。从我们在妈妈肚子里生长的那一刻开始，我们的生命就一直被包裹在妈妈的辛苦孕育、爸爸妈妈的辛勤养育之中。所以我们应该好好爱护自己的身体，珍惜自己的生命来报答爸爸妈妈的养育之恩，不是吗？

每一天、每一刻，我们和身边的每一个小伙伴都在享受着爸爸妈妈对我们无微不至的疼爱。不只是小朋友，连小猫咪、小狗狗、小鸟、小虫都有疼爱它们的爸爸妈妈呢。如果我们伤害了它们，它们的爸爸妈妈也会非常难过，非常悲伤。因此我们对待身边的小朋友、身边的小动物，甚至是小花、小草也要很温柔哟！如果你看到身边的小伙伴伤害小动物，一定要勇敢地站出来告诉他们：每一个生命都很宝贵，谁都没有权利随意地伤害它们！

心理学博士对家长说

行为主义心理学家班杜拉认为，孩子在生活中总是睁着眼睛、张着耳朵在悄悄学习着。父母的言行举止、父母对世界的态度、对他人的态度都在每天做的事情和说出的话语中不断呈现。"事实胜于雄辩。"无论我们跟孩子讲多少道理，都抵不过我们每天呈现给孩子的言行。因此，家长要想教育孩子去感受生命的美好，就必须自己真正感受到生命的美好。孩子对待生命的态度往往就是家长对待生命的态度。父母要教育孩子对生命保持敬畏，不要肆意伤害他人或小动物。

心理学博士对老师说

小学阶段低年级孩子就已经开始思考自己“从哪里来”“为什么要活着”这类的问题了。老师们可以借助心理健康课程、班会活动等多种形式偶尔给同学们开设有关生命规划和生命意义的心理健康课，帮助他们更好地看待生命，理解生命的意义。

什么样的生活才算幸福？

生活小剧场

“小西，你看，这是我妈给我买的限量版球鞋，酷吧？”壮壮指着自己的新鞋，炫耀地对小西说道。

“小西，下周我要去国外旅游一趟，你想要什么纪念品？我帮你带。”乐乐笑着对小西说。

“真好啊。”小西在心里想：“他们都好幸福啊！”和同学相比，小西没有风风光光的限量球鞋，没有做工精美的名牌衣服，没有用不完的零花钱，也没有绚丽多彩的旅游经历。什么样的生活才算幸福呢？小西转念一想：“我有爸爸妈妈的陪伴，有老师和同学的关爱，有许多许多的奖状，这样的生活难道不幸福吗？”

心理小百科

生活观是指一个人对待生活的态度与观点，即对生活的意识和态度的总称。我们过得幸不幸福、快不快乐很大程度上取决于我们的生活观。价值观是人认定事物、辨别是非的一种思维或取向。随着科技的发展和消费主义的盛行，我们对幸福的定义开始变得复杂起来。社会上逐渐出现了“我能花多少钱决定了我这个人的价值高低”的错误价值观。如果没有正确的引导，正处于生活观、价值观初步形成阶段的小学生很容易形成错误、扭曲的生活观和价值观。

心钥匙

亲爱的小朋友，你或许会觉得自己身边的朋友都过着非常精彩的生活，相比之下自己的生活似乎“没有值得分享的地方”，但这并不意味着你的生活就没了意义。试着为自己的生活找到一些令人愉悦的事，比如：今天吃了喜欢吃的菜，今天爸爸妈妈带着我去看了电影，甚至是今天捡到了喜欢的落叶，这些都是值得高兴的事情。有时候，快乐可能源于你完成一件以前感到困难的事，就像投中人生中第一个篮球；也可能来自让你能力的发挥，比如在黑板报的设计上出一份力。找到人生的目标并努力地实现它，用心去体会和感受在奋斗过程中的每一次成长和每一个点滴才是真正的快乐。靠金钱堆砌的生活并不值得羡慕，那样的生活也不一定能给你带来发自内心的快乐和幸福。心理学家对不同文化下的人们进行了调查，发现人们体验到的快乐并没有随着他们收入的增加而增加，幸福和快乐与金钱并没有直接的关系。

心理学博士对家长说

当下的成长环境充斥着诸多的诱惑。小学生还没有具备很强的明辨是非的能力，很容易受到外部环境的影响。家长需要引导孩子形成正确的生活观和价值观：“幸福是靠自身努力、奋斗出来的。”家庭条件不太好的家庭要鼓励孩子积极进取、努力奋斗，只有自己奋斗得来的幸福才最踏实；家庭条件较好的家庭不能过度溺爱孩子，一方面要让孩子明白金钱来之不易，另一方面也要让孩子知道金钱不是万能的。

心理学博士对老师说

学校是小学生生活和学习的重要场所，学校的校风、班级班风和教师的教育都会直接影响学生生活观和价值观的形成。作为教师，我们应该：

1. 通过形式多样的活动使学生体会幸福的真谛。可以通过开展“什么使我感到幸福”的主题班会或组织学生观看《当幸福来敲门》这部电影，让学生明白自己所拥有的幸福“资源”，比如健康的身体、不错的成绩、要好的朋友、负责的爸爸妈妈、自己所在的班集体等。引导学生从已拥有的资源中获得快乐和幸福、学会知足，不再盲目攀比，无休止地追求物质上的满足。

2. 在日常的教学和对学生的思想教育中加强价值观引导。让学生明白并不是零花钱多、衣服昂贵就是幸福，这些东西只是锦上添花。真正能够让他们感到幸福的是自己的能力得到体现和认可，而且能够看得到努力的结果——对过去自我的突破和对未来的向往。

“它”的故事

生活小剧场

早上七点，闹钟准时响起来。小西美滋滋地从梦境里醒来，他忽然发现自己的内裤上有些异样，有点黏糊糊的感觉，吓得他大叫起来，以为自己尿床了。妈妈闻声赶来，问他怎么了。小西把被子卷起来裹着自己，慌乱地说：“我好像尿床了……”

“尿床了？”妈妈作势就要过来掀开小西的被子。小西红着脸躲闪，妈妈似乎知道了什么，就把爸爸叫进来了。父子俩讨论了十几分钟，小西才如释重负。

妈妈走进来，微笑着对小西说：“儿子，恭喜你长大了！”

心理小百科

青春期是以性成熟为标志的一系列生理、心理和行为的突变阶段。“遗精”和“初潮”都是我们长大的标志。每一个男孩和女孩在进入青春期的时候，都会出现这些情况。

男生到了青春期以后便会有遗精的现象。精液积存过多便会引起遗精，所以又称为“溢精”，属于正常的生理现象。遗精大多发生在睡梦中，是一种无性活动的射精，因此又被称为“梦遗”。在现代社会，男性初次遗精的年龄在十一二岁到十五六岁。遗精是男性性成熟的一个重要标志。

初潮，又称“初经”，是指第一次月经来潮。它代表着少女的身体正经历着青春期的变化。初潮通常是胸部发育两年之后开始出现。初潮代表子宫内膜受到雌激素刺激而发育了，也代表从子宫到子宫颈到阴道的“通路”打开了。在现代社会，女性初潮的年龄在十一二岁到十五六岁。初潮是女性青春期到来的重要标志之一。

心钥匙

如果你出现了遗精/月经的现象，恭喜你，你已经成长为一个大人了哦！不要害羞，不要害怕，更不要觉得肮脏。这是每个人在青春期都会经历的事儿。放轻松，多给自己一些鼓励。 试着和爸爸妈妈多交流交流，他们会告诉你如何度过这样一个奇妙的阶段。如果实在不好意思跟父母讨论这些，找个信赖的小伙伴聊聊也是很好的。我们还可以通过正规的心理课堂、生理知识科普书籍来了解相关的信息。

心理学博士对家长说

当孩子向你提出“我从哪里来”这样的问题时，父母不要羞于启齿。性教育也是生命教育重要的一环。在幼儿园和小学低段，孩子对性和生命起源的好奇就像他们对小花小草、自然现象的好奇一样。家长不必觉得害羞，应坦然大方地对待。借助一些绘本、书籍或是纪录片可以帮助家长更直观、更科学地跟孩子进行讨论。

当孩子进入青春期后，要主动与孩子谈论相关的问题，帮助他们科学地了解相关知识，健康快乐地成长。当孩子为第二性征感到迷惑时，我们需要跟孩子正面交流。对于女生，家长要给孩子普及怎么使用卫生巾、什么时候换等问题。一定要防止孩子出于好奇，通过不良网站和不良视频去了解歪曲和错误的信息。

心理学博士对老师说

小学阶段的儿童，尤其是高年级学生，正面临着青春期的到来。学校应该给学生安排相关的生理卫生课程和心理健康课程。教会学生怎样保持卫生、怎样爱惜自己的身体，向他们普及青春期的相关知识。老师还可以组织一些性教育的主题班会，在班会上向学生进行科普教育，帮助学生形成正确的性观念。

我的那个她/他

生活小剧场

自从上次的“尿床事件”发生后，小西的心理就开始悄悄地发生了变化。他发现自己开始关注自己的前桌小兰。以前他从来没有这么认真地去观察过一个女孩子。当小兰在认真地写作业的时候，他经常在一边静静地看着她。小兰刚开始没有察觉，后来老是被他这么盯着，就问小西为什么看着她。小西涨红了脸，不知道怎么解释他的行为。体育课的时候，小西也一直追寻着小兰娇俏的背影；睡觉的时候眼前也经常浮现出小兰甜甜的笑容。

妈妈察觉到了小西的异样，问他怎么了。小西也没有隐瞒，他说：“我好像有点喜欢小兰，我也不知道为什么。”妈妈扑哧一声笑了，“我们家小西也进入青春期了哟。”

心理小百科

个体进入青春期后，生理上的变化会带来性意识的觉醒。根据弗洛伊德的观念，力比多是人发展的动力，进入青春期后就会将注意力集中到年龄相仿的异性身上。因此，当我们发现自己开始关注异性，或者对他/她开始产生了好感，这些情况都是非常正常的。一般而言，女生比男生发育得更早，会更早地进入青春期。

心钥匙

在青春期这个特殊的时期，产生对异性的关注是正常的。这实际是我们对异性的一种朦胧的好奇感，而这种关注也并不算早恋哟！并且，你也不必为这种“好奇感”烦恼，因为这是进入青春期的时候产生的很正常的一种现象。

你是怎么看待“恋爱”这件事的呢？现在提起这件事可能你会觉得不好意思，因为老师和家长们都严肃警告过我们不要过早恋爱。恋爱这件事看上去非常简单，但它实际上牵扯了很多责任和义务。现在的我们翅膀还太稚嫩，还不足以承担谈恋爱应承担的责任和义务。当你觉得自己喜欢某个人的时候，那就在心里默默喜欢好啦！

当我们喜欢一个人的时候，我们可能会觉得他/她的一切都是完美的。这就是心理学上所说的“光环效应”。如果你不相信，那我们就做个小实验：花一点时间找出他/她身上的十个缺点。最后你会发现，其实他/她并不是我们想象的那样十全十美。如果实在找不到缺点呢？没关系啊，我们要努力让自己变得和他/她一样优秀呀！

个体发展的不同阶段需要完成不同的发展任务。谈恋爱是我们长大之后早晚会做的一件事，而处于小学阶段的我们需要做的就是好好学习和健康成长。

心理学博士对家长说

生活水平的提高，营养的极度丰富使孩子的身体提前发育。发育较早的孩子可能在10岁左右就开始进入青春期。提前而至的青春期给孩子带来的身体发育、性意识的萌芽让许多家长措手不及。当小学低阶的孩子开始公开谈论“谁喜欢谁”“谈恋爱”这些字眼时，家长们即刻多了许多焦虑和担忧。因为小学时期的孩子身体和心理都还没有完全成熟，过早地恋爱不仅可能会影响孩子的学习，还不利于他们身心的正常发展。

其实在小学阶段，许多孩子并不能真正理解喜欢和爱情的真正含义。一些孩子学着电视、网络上看到的画面去谈及恋爱。这时其实是家长跟孩子讨论爱情的重要时机。开诚布公地跟孩子谈论比强势地向孩子灌输、教育的效果要好很多倍。

家长不能为了防止孩子早恋而禁止孩子和异性交往。事实上，和异性的正常交往有利于孩子形成良好的性别意识，对日后的恋爱和生活是非常有益的。家长要以身作则，帮助孩子树立正确的恋爱观和人生观。

心理学博士对老师说

青春期的孩子都会对异性产生朦胧的想法。教师如果发现班级里有男生和女生走得近，要先弄清楚情况，不要简单“暴力”地将二人分开。这样不但起不到效果，还会引发学生的逆反情绪。教师应该通过适当的方式，让孩子们知道他们所谓的喜欢，其实更多的是欣赏；应该将这种朦胧的感情转化为自己成长的动力，这样才能更好地去实现自己的目标。

我要长大啦！

生活小剧场

夜深了，小西躺在床上，翘着小腿，想着：“真想快点长大啊！如果我长大了，我就可以变得像大人一样厉害，可以独当一面，无论是什么事情都能解决。然后，变得和老师一样聪明，这样我玩游戏肯定每次都能赢。我要长得又高又壮，变成一个男子汉，这样就没人敢欺负我了！听老师说，长大了可以做很多有趣的事儿，想想就很酷！好想长大呀，好好睡觉，赶紧长大吧。”

想着想着，小西就睡着了，窗外的星星可能因为接收到了小西的心愿，扑棱扑棱地闪了好几下……

心理小百科

成长是个体走向成熟，摆脱稚嫩的过程。不管是女孩子还是男孩子，长高了可不等于长大了！所以，成长可不是一件容易的事儿，只有你学会管理自己、控制自己，学会适当地处理和对待这个世界里的人和事，才是真正地长大了！这需要你从现在开始，慢慢学会做一个独立的人，学着自己的事情自己做！

心钥匙

我们需要一步一个脚印地慢慢长大，为了让自己快速成长，你可以每天问问自己：

1. 今天的你自己穿衣服了吗？

2. 今天的你自己刷牙、洗脸了吗？

3. 今天的你完成学习任务了吗？

4. 今天的你独立思考过了吗？

5. 今天家长或老师让你自己完成的事情，你完成得如何？

……

如果今天你完成得不是很满意，小西会想拥抱你一下，因为小西也没办法每次都完成得很好。希望你和小西能够相互鼓励，共同进步，你们一定能够顺利长大哦！

心理学博士对家长说

独立意识是一个人走向成熟的标志。孩子的独立意识需要从小开始培养，家长要把握好节奏，循序渐进，不能揠苗助长。

1. 鼓励孩子从小事做起。孩子的成就感、独立自主的养成开始于他们能做成自己力所能及的事情。自己洗内衣裤、自己整理房间、自己制订学习和生活计划是小学生力所能及的事情，这些都能够促进孩子独立意识的形成。

2. 平等地对待孩子。当孩子有一定的自理能力的时候，把孩子看作一个独立的人，视孩子为与其他家庭成员平等的一个人。让孩子在父母的支持与鼓励下，做想做的事，表达自己的想法。

心理学博士对老师说

教师要有意识地让学生独立地完成一些任务，培养学生独立思考的能力。对于能够独立完成学习任务的学生，教师要及时给予奖励和表扬。教师可以在班级内树立一些学习榜样，通过榜样对学生起到替代强化的作用。

成长的烦恼

生活小剧场

小西最近越来越烦恼，因为他原本干净的脸蛋上开始冒痘痘了，而且越冒越多。小西总是忍不住去挠它，小小的几颗痘痘竟然在脸上待了一个多月了还不消失。因此这段时间，小西只要有空就会掏出自己的小镜子照照自己的脸，看看痘痘好了没有。妈妈给他买的药膏都要涂完了，可痘痘还是不见好。身边的同学脸蛋上都干干净净的，只有他的脸蛋不断地受到痘痘的侵扰。不仅如此，最近小西的声音也开始变得沙哑，说话的声音也奇奇怪怪的。于是他到哪里都低着头，生怕别人看到他脸上的痘痘，跟别人说话也显得中气不足。

心理小百科

有一个社会心理学名词，叫“焦点效应”，它指的是人们往往会高估周围人对自己外表和行为的关注度，倾向于认为自己是其他人注意力的焦点，别人像自己一样非常关注他的外表和一举一动。处于青春期的个体由于自我意识高涨，加之身体出现巨大的变化，常常出现“假想的观众”现象：认为周围的人都像观众一样无时无刻不在关注着自己。其实这是由于生理发育带来的变化让青春期的个体变得敏感，将他们的注意力从外界转移到了自己身上，从而曲解或放大了他人的行为。

心钥匙

你是否也有小西这样的烦恼呢？在某个时期，我们脸上会开始大量地冒痘痘。我们会非常紧张，生怕这些小痘痘会给我们的自我形象带来一些负面的影响。于是我们变成了一只缩在壳里的小乌龟，逐渐变得自卑。同时，身体的发育也让我们感到惊奇和慌张，有些不知所措。其实，这个时候的你正处在人生中最美丽的年纪。所以，请不要感到恐慌，尽情地享受你人生最美的时候吧，不要在意别人的看法，大胆地抬起你的头！

心理学博士对家长说

孩子进入青春期后，不仅生理上会发生变化，心理也会变得敏感而脆弱。家长要多体谅孩子，不要整天给孩子贴叛逆的标签。要给予孩子更多的包容和空间，在他们需要的时候给予他们支持。当孩子出现问题的时候，要站在孩子的角度和他们一起解决问题。另外，由于独立意识的发展，青春期的孩子会更加渴望独立，家长应给予孩子足够的尊重，多听听他们的想法，不要武断地帮孩子做决定。

心理学博士对老师说

青春期孩子的心理充满矛盾：他们既憧憬成熟又留恋童年，既追求完美又总有缺憾，既拒绝灌输又渴望帮助。在学习生活中，他们可能会因为一次考好了而沾沾自喜，也会因为偶尔考差了而一蹶不振。教师要充分了解青春期孩子的特点和需求，帮助他们顺利地度过这个时期。

对陌生人说“不”

生活小剧场

放学后，小西在校门口等了妈妈半天都没有看到妈妈的身影，于是他就独自一个人回家了。在回家的路上，小西看到一个“老奶奶”坐在地上，捂着自己的腿“哎哟哎哟”地呻吟不停。小西急匆匆地跑过去，蹲在地上问道：“老奶奶，您怎么了？”“老奶奶”睁开眼睛瞟了小西一眼，说：“孩子，我不小心跌倒了，你可以把我扶起来吗？”

小西说：“好啊！”他小心翼翼地把“老奶奶”扶起来，拍了拍“老奶奶”裤子上的灰尘。“老奶奶”摸摸小西的头，说：“好孩子。”然后，她从口袋里掏出几颗糖递给小西，慈祥地说：“谢谢你啦，小朋友，给你吃糖。你把奶奶扶起来，累着你了。奶奶带你去买雪糕好不好？”小西擦了擦额头的汗水，正想接过“老奶奶”手中的糖时，听到一个熟悉而急促的声音：“小西！”

小西和“老奶奶”一齐转头看过去，原来是妈妈。妈妈脸色苍白地盯着他。小西没注意到妈妈的表情，兴高采烈地扑了过去，“妈妈，我等了你好久！”妈妈严肃地问他：“你在这里干吗？”小西抬头看着妈妈说：“我帮助一个老奶奶啊，老奶奶还给了我糖。”他一边说着一边转身指向“老奶奶”的位置，但是刚才摔倒走不动的“老奶奶”已经消失不见了。

心理小百科

小学阶段是道德发展的重要阶段。发展心理学家皮亚杰认为幼儿在道德判断的时候往往把结果的严重性和父母、老师等重要他人的评价作为评判的依据。而小学阶段的学生开始在内心建立起自己的评判体系，能够根据他人的意图来进行评判，而不只看结果，因此被称作“自律道德阶段”。

这个时期的孩子急于用行动表现自己道德、被社会赞许的一面，但是因为社会经验不足，容易被居心不良的人利用。小学低年级的孩子在分析和看待事物的时候往往集中于某一个显著的特征，不会同时考虑其他的特征，在考虑和评价外界的时候常常受表面特征的影响，不能抓住事物的本质。因此在面对伪装的坏人时，他们常常被表面的现象所蒙蔽。

心钥匙

这个世界上有好人，也有坏人。很多时候坏人不会让你一眼就辨认出来，有些时候他们也会表现出一些好意的行为来迷惑我们。比如有些坏人会装扮成老奶奶、老爷爷来寻求帮助，这个时候一定要运用你们聪明的小脑瓜去识破坏人的伪装。因为我们还没有足够的力量跟坏人抗衡，因此我们要随时保持警惕，时刻学会保护自己。在生活中不要随便跟陌生人说话，也不要随便要陌生人给的东西。

小西的例子讲的是有关拐卖的事情，但在我们的日常生活中不仅有拐卖，还有其他危险事件存在，例如性侵。不管是陌生人还是亲朋好友，都不能触摸我们身体的敏感部分。如果有人触碰，让我们觉得不舒服时，一定要及时制止并且告诉自己的爸爸妈妈哦。

心理学博士对家长说

对于拐卖，家长们一定要提高警惕，确保小学低段的孩子每天上学放学都有人接送，这样才不会给人贩子可乘之机。小学高段的孩子可以结伴而行，遇到可疑的情况一定要及时告知家长或寻求帮助。

研究表明，大部分的性侵往往都发生在熟人之间。因此家长一定要告诉孩子：不管是认识的叔叔、阿姨还是不认识的人，都要提高警惕。

心理学博士对老师说

小学阶段是学生道德发展的重要时期。在这个时期，学生在学校、家庭和社会的影响下逐渐开始形成一套自己的道德评价系统。在此过程中可能会表现出对道德标准的机械照搬、不能灵活运用、评价依据片面等特点。

另外，小学时期的学生在学校和社会的影响下，亲社会行为发展迅速，但社会经验的不足、自我保护意识比较弱等特点又使得他们很容易上当、受骗。教师可以通过辩论赛、班会讨论等多种形式的活动来加强对学生自我保护意识的培养。

遇到危险，我该怎么办？

生活小剧场

小西和同学们正在教室里认真地上课，突然小西感到一阵剧烈的摇晃。桌椅、头顶的风扇和灯都在晃动。小西还在思考这是怎么了，只听到李老师一声大喊："同学们！赶快躲到桌子底下，地震了！"

全班同学惊慌失措地躲到了桌子下，小西感到很害怕。十几秒后，晃动停止，李老师立刻指挥同学们快速、有序地下楼。此时操场上早已聚集了大量的同学。小西看到一些女孩子一直在抹眼泪，一些低年级的小朋友号啕大哭，一直哭着要找妈妈。由于地震发生得太突然，当时的场景让人非常后怕。随后几天小西跟很多同学都出现了过度警觉、焦虑、做噩梦等应激反应。

心理小百科

创伤后应激障碍（PTSD）是个体经历、目睹或遭遇到一个或多个涉及自身或他人的实际死亡，受到死亡的威胁、严重的受伤，躯体完整性受到威胁后延迟出现和持续存在的精神障碍，主要表现为麻木、无助、警觉性过高等。创伤后应激障碍一般在创伤性事件发生后的数天至6个月内发作，病程至少持续1个月以上，也可长达数月或数年，严重的甚至可能达到数十年之久。地震、车祸等灾难过后，人们的心理或多或少地都会受到一些冲击，非常容易形成创伤后应激障碍。症状较轻的个体可自行缓解，但心理创伤严重的个体就需要专门的心理干预机构进行专业的危机干预了。

心钥匙

生活就像是一盒各种味道的巧克力，你永远也不知道下一颗是什么味道。古语道："天有不测风云。"世事无常，灾害的发生往往就在一瞬间，地震、台风、海啸、洪水……在这些自然灾害面前，我们该怎么保护自己呢？

1. 地震来临的时候，一定不要慌乱。应听从老师的指挥，快速躲在课桌、墙角或者其他较为安全的地方；等到地震过去之后，迅速有序地撤离现场，跑到室外空旷的场所。

2. 洪水来临的时候，不要朝洪水流动的方向奔跑。应该快速向洪水流动方向90度的方向逃离，并且尽量向高处躲避；同时还要注意饮用清洁的水源。

3. 遭遇台风、海啸的时候，一定要远离海岸。来不及逃离时，尽量待在室内，关闭好门窗。

4. 灾难过后，你可能会感到害怕、恐惧，甚至可能会无法入睡。这些都是灾难过后人的自然反应。接纳自己的情绪和感受，一段时间以后我们就会重新恢复。勇敢地去开始新的生活，让自己尽快恢复到以前的学习和生活状态是我们对抗灾难的最好方法。

5. 如果你感到非常焦虑、紧张，可以找一个安静、温暖、舒适的地方，调整到自己最舒服的姿势躺下来；闭上双眼，深呼吸十次，然后将身体紧绷起来，感受肌肉的紧张感；保持10秒，再突然放松全身的肌肉，体验从紧张到放松的愉快感。

心理学博士对家长说

遇到自然灾害时家长一定要保持沉着冷静，保护好自身和孩子的安危。灾难的场景，尤其是成年人在灾难中的反应和情绪都会成为孩子的应激源。小学儿童尤其是小学低段的孩子在理解灾难和灾难带来的后果时，经常会比较片面和极端。家长应该跟孩子进行科学、详细的讨论和引导。

如果孩子表现出灾难后的应激反应，家长要接纳孩子的反应，及时安抚孩子的情绪。跟孩子一起对灾难事件进行回忆和讨论也是帮助孩子表达和宣泄他们情绪的一种有效方法。如果孩子表现得过于紧张，家长还可以带领孩子一起通过深呼吸、肌肉放松等方法来缓解紧张、焦虑的情绪。亲子游戏、绘画、舞蹈等活动也能够帮助孩子转移注意力。如果孩子的应激反应过于强烈，或者持续时间超过三个月，就需要寻求专业的心理援助。

心理学博士对老师说

在平时的生活中，学校应该加强灾难应急演练，灾难应急演练可以帮助学生在面对现实的灾难情景时更从容、更科学地应对。

灾难出现时，学校要在第一时间组织人员对学生进行救援。

灾难结束之后，师生都可能会出现大面积的创伤后应激障碍。这个时候需要学校组织相关人员进行及时的心理援助，具体操作可参见世界卫生组织发布的《现场工作者心理急救指南》。

灾难结束后的很长一段时间，部分学生可能还有一定的应激反应，教师要及时关注学生的动态，在专业人士的帮助下通过心理健康课程、团体心理辅导等形式对学生的情绪进行疏导。应急反应特别严重的学生需要转介给专门的心理咨询或治疗机构。

零花钱大作战

生活小剧场

寒冷的冬天来临了！窗外雪花纷纷扬扬地飘洒着，好像一只只在空中飞舞的小精灵。玻璃上的热气已经开始聚集，水雾逐渐凝聚。尽管天气寒冷，却也阻止不了小西渴望红包的热情。今天是大年初一，小西早早地起了床，迫不及待地准备收压岁钱。果不其然，嘴甜的小西今天收到了好几个大红包，让他笑得合不拢嘴。妈妈笑眯眯地看着他，问道："你打算怎么花这些钱呢？"

小西眨了眨眼睛，"对哦！以前自己只想到了收压岁钱的事，但没有想过怎么花这件事呀！"

心理小百科

金钱观是个体对金钱的看法和态度，而消费观是指人们对消费水平、消费方式等问题的总的态度和看法。小学阶段是个体金钱观和消费观形成的重要阶段。

小学阶段的孩子开始具备了基本的数理逻辑知识，能够在具体事物和具体情境的支持下进行简单的推理和运算。这个时期，他们也开始构建出一套关于这个世界以及事物之间关系的心理知识体系。不正确的影响和示范，可能会导致儿童价值观扭曲，进而产生拜金、攀比、浪费、吝啬等不良思想。

心钥匙

热热闹闹的春节来临的时候，你是不是也有跟小西类似的烦恼呢?收了压岁钱，怎么花。听上去好像挺容易的，但是实际规划起来，却还是很困难的。其实除了压岁钱，我们还有爸爸妈妈平时给的零花钱。要真正把每一笔开支很好地规划起来，好像也不是那么容易的一件事。那么，我们该如何合理地打理我们的“小金库”呢?

1. 养成存钱的好习惯。任何时候我们都不能将所有的金钱全部花完。特别大额的金钱、没有必要的开销、暂时不需要使用的金钱等都可以通过不同的渠道进行储存保管。我们可以通过银行、存钱罐等多种方式积累财富，等我们真正需要的时候再拿出来使用。

2. 学会将我们拥有的财富分类打理。我们可以根据自己所拥有的财富分成几个类型：长期的固定财富、短时间的后备资金、固定的日常开销。长期的固定财富可以通过储存在银行的方式来进行保管，获得的利息会让我们体会到理财的惊喜；短时间的后备资金可以放在父母那里或是家里安全的地方，只有在特殊的情况下才拿出来使用，以备我们的不时之需；固定的日常开销需要我们提前进行计划，方便我们维持正常的生活需求。

3. 学会记账。我们的所有开支最好拿一个小本子记录下来，这样我们对于一周、一月、一年的开销就会有很清楚的认知。当我们对自己的花费特点和需求有了清楚的了解后，就能更好地进行规划和调整。也许刚开始的时候我们可能会很困难、很麻烦，但是一旦坚持下来，你就会发现自己越来越有计划，越来越得心应手。当个小小“理财家”的感觉肯定会很棒的!

心理学博士对家长说

金钱观是物质观的一种，是对金钱的根本看法和态度，和人生观紧密相连。压岁钱和零花钱也能对孩子的金钱观产生巨大的影响。具有正确金钱观的孩子，在未来生活中更能抵制住金钱的诱惑，取之得当，用之有理；没有正确金钱观的孩子很容易陷入财富的泥潭。怎样帮助孩子建立正确的金钱观呢?

1. 不要借口帮孩子保管压岁钱而擅自使用孩子的压岁钱。这样做一方面会失去孩子对自己的信任，不利于良好亲子关系的建立；另一方面其实剥夺了孩子自主地规划和支配金钱的机会，不利于孩子自我效能感的发展。

2. 帮助孩子合理地管理财产。压岁钱和零花钱的管理是孩子在正式步入社会前学习和练习如何理财、如何管理财富、如何进行消费、如何支配财富的宝贵机会。家长通过示范和引导，可以帮助孩子形成良好的金钱观和理财观。

心理学博士对老师说

延迟满足是指一种甘愿为更有价值的长远结果而放弃即时满足的抉择取向以及在等待期中展示的自我控制能力。在发展心理学上有一个有趣的实验：实验者招募了几名小朋友，在这些小朋友面前放了一颗糖，告诉他们如果20分钟之后再吃这颗糖，他们就可以得到更多的糖。在这些小朋友之中，有些小朋友等实验者一离开，就迫不及待地把糖吃掉了；但有的小朋友虽然想吃，却忍了20分钟，因此他们吃到了更多的糖。这个实验者随后跟踪调查了这批孩子，发现在本次实验中忍了20分钟的孩子能在未来的发展中获得更大的成功。

在日常教学工作中，教师可以利用延迟满足来提升学生的自我控制能力，同时加强对学生的金钱观教育。金钱观教育在学校中也可以作为一堂公开课进行，帮助小朋友树立正确的金钱观，不盲目攀比，跟风购买，拒绝超额消费。

邋遢大王逆袭记

生活小剧场

寒冷的冬天总是让小西昏昏欲睡，同时也抑制了他到室外活动的心。课间，小西就喜欢趴在桌子上，或是无聊地跟同桌乐乐说说话。

“小西，打篮球去呀!”小西恹恹地翻了个身，“不去。”

“小西，出去玩啊?”“不去。懒得动。”

“小西跟我们一起跳绳，好不好啊?”“不要。”

……

这段时间，小西不仅不爱活动，还变得越来越懒，甚至回到家里也不洗澡，不洗头。爸爸妈妈说也说不动，只好由他去了。

慢慢地，小西发现自己身边的朋友都不怎么愿意搭理他了，有的同学甚至看着他就转身走了。刚开始的时候小西觉得没什么，也就没太在意。但是越到后来，他就越是疑惑。今天下午上体育课的时候，在乐乐看到小西准备掉头走的时候，小西拉住了他，问道：“你们怎么都不跟我玩了呀，是因为我不理你们吗?”

乐乐摇摇头，捏着鼻子说道：“小西，我们不愿意跟你玩不是因为你不理我们，而是因为……”他叹了一口气，“你去照照镜子吧!”小西纳闷地去了卫生间，刚一进去他自己都被吓了一跳，镜子里面的那个蓬头垢面的男生还是他自己吗?

放学回家之后，小西一放下书包就冲进了浴室。从浴室出来之后，整个人变得神清气爽。他捡起自己的衣服准备扔进脏衣篮的时候，出于好奇闻了闻。“啊，好臭！怪不得乐乐之前跟我说话时要捏着鼻子！我才不要当邋遢鬼呢！”

心理小百科

不爱卫生是一种不好的生活习惯。幼儿园和小学低段的孩子的审美意识多集中在某些典型的方面，比如：服装的颜色、服装的款式等，对卫生、整洁没有太多的概念。在小学期间形成的卫生和生活习惯会影响个体未来的心理发展。

但是太爱卫生也是一种心理问题。洁癖的人常常把正常卫生范围内的事物都定义为肮脏的，并且为此感到焦虑，于是出现强迫性地清洗、检查及排斥“不洁”之物的思想和行为。

心钥匙

卫生习惯看上去是一件小事，但是却能改变老师和同学对我们的印象。如果我们看上去整洁美观，大家对我们的印象就会比较好；但是如果我们看上去邋里邋遢，别人都会因为我们身上的“异味”不愿意跟我们接触。

良好的卫生习惯常常体现在一些非常细节的地方，比如：勤换衣服，每天坚持洗澡和洗漱等。许多疾病都是因为不讲究卫生而引起的，比如红眼病、手足口病、腹泻等。我们常说“病从口入”，当我们不注意卫生的时候，有些病菌就会悄悄地跑进我们的身体里生根发芽，我们就会生病。

心理学博士对家长说

在家里，家长一定要培养孩子养成良好的卫生和生活习惯：饭前便后及时洗手；勤洗澡、洗头；及时更换衣物，保持良好的个人形象。家长良好的卫生习惯，整洁、干净的房间，新奇有趣的卫生工具都是帮助孩子养成良好卫生习惯的法宝。但是家长对孩子卫生习惯的过度的要求也可能使孩子产生逆反心理。

如果孩子在某段时间突然表现出洁癖行为，家长可以通过一些方法帮助孩子克服。比如，家长可以试着让孩子按照感受的严重程度把自己不能忍受的脏东西用等级排列出来；接下来按照等级从低到高的顺序让孩子去接触这些脏东西，通过逐级暴露的方式帮助孩子克服洁癖。如果孩子在此过程中表现出极度的抗拒或者其洁癖的严重程度已经影响了正常的学习和生活，家长就需要及时带孩子去咨询心理医生。

心理学博士对老师说

1. 通过健康小课堂、科普讲座、卫生评比等多种形式的活动，向学生普及卫生知识，帮助他们养成良好的卫生习惯。

2. 如果学生的卫生状况不良，教师要及时干预并通知学生的家长督促孩子改正。

参考文献

[1] 陈琦，刘儒德. 当代教育心理学[M]. 2 版. 北京：北京师范大学出版社，2007.

[2] 陈妍廷，秦越，秦竹.亲子关系对儿童心理发展的影响研究[J].经济研究导刊，2014（18）：187-189.

[3] 戴育红，熊少严.中小学生学业习得性无助感现状调查[J].中国德育，2015（16）：13-17.

[4] 丁红莉，龚洁.中小学生自我意识发展现状调查与思考[J].校园心理，2016（6）：399-401.

[5] 丁姗姗.小破孩儿的大“心病”[J].科学新生活，2014（768）：17-20.

[6] 丁亚苹.小学生良好学习习惯培养的途径及方法探索[J].科学咨询（教育科研），2020（714）：132.

[7] 冯晓杭.促进学前儿童道德情绪发展[N].中国社会科学报，2020-08-20（5）.

[8] 冯晓伟.小学生社会支持与自我概念关系的研究[J].才智，2012（5）：230.

[9] 郭聃龄.普通心理学[M]. 5 版. 北京：北京师范大学出版社，2019.

[10] 洪明.当前我国家庭教育的焦点难点问题透视：基于600份家庭教育咨询案例分析[J].中国青年研究，2012（11）：55-59+79.

[11] 黄希庭，郑涌.心理学导论[M]. 3 版. 北京：人民教育出版社，2015.

[12] 侯玉波. 社会心理学[M]. 2 版. 北京：北京大学出版社，2007.

[13] 胡嘉滢，袁勇贵.躯体变形障碍共病其他精神障碍的研究进展[J].国际精神病学杂志，2020（2）：243-246.
[14] 江春雨. 小学生自我管理能力研究：以五年级为例[D]. 青岛：青岛大学，2019.
[15] 顾明远. 教育大辞典[M]. 上海：上海教育出版社，1986.
[16] 李明德.小学生学习拖延问题研究[D]. 北京：中央民族大学，2012.
[17] 李庆南.当代中国亲子关系研究[D]. 石家庄：河北经贸大学，2016.
[18] 李群峰. 儿童情绪心理学[M]. 苏州：古吴轩出版社，2017.
[19] 李云海.浅议科技馆探究活动与小学生创新思维培养[J].学会，2020（384）：55-61.
[20] 林崇德.发展心理学[M]. 3 版. 北京：人民教育出版社，2018.
[21] 刘迪，刁新峙.小学生心理品质形成及其影响因素分析[J].辽宁师专学报（社会科学版），2017（110）：103-104.
[22] 刘广海.小学生厌学心理分析及对策研究[J]. 现代交际，2020（536）：149-151.
[23] 刘丽平.内隐学习对小学教学的启示：基于小学生认知发展的特点[J].新课程研究（下旬刊），2011（7）：49-50.
[24] 卢婉玲，张兴瑜，胡朝兵.叙事疗法技术在死亡焦虑应对中的实现路径与价值[J].心理学进展，2021，11（3）：7.
[25] 陆洁莉，赵咏桔，唐金凤，等.神经性厌食的临床分析[J].中华内分泌代谢杂志，2004，20（1）：39-42.
[26] 费尔德曼. 发展心理学：人的毕生发展[M]. 6 版. 苏彦捷，邹丹，译. 北京：世界图书出版公司，2013.
[27] 罗增让，刘亚平.小学生学业自我效能感、完美主义与孤独感的关系[J].职业与健康，2019（15）：2110-2114.
[28] 马菲菲.浅谈运用记忆策略提高学习效能[J].智力，2020（5）：75-76.
[29] 邵华.小学生学习分享行为特点研究[D]. 成都：四川师范大学，2019.
[30] 沈建华，张敏.小学生学习时间的自我管理[J].教学与管理，2008（20）：8-11.

[31] 侍崇苗.浅析家庭环境对儿童心理健康的影响[J].科技信息，2007（14）：61+106，
[32] 天泽.男孩“遗精”是正常的生理现象[J].初中生世界，2005（32）：18.
[33] 汪岑.时间贫穷对寄宿制小学生认知决策的影响[J].中小学心理健康教育，2020（14）：8-14.
[34] 汪伟伟，胥兴春. 幼儿寻求教师关注的问题表现、成因及对策[J].特立学刊，2014，114（6）：30-33.
[35] 王玲凤，陈传锋.中小学生课余生活与主观幸福感的关系[J].中国学校卫生，2015（36）：76-79+82.
[36] 王美华.依恋理论在亲子关系服务中的行动过程框架及其适应性[J].华东理工大学学报（社会科学版），2019，34（5）：40-46.
[37] 王士凯.小学生注意力的评定与干预研究[D]. 长沙：湖南师范大学，2020.
[38] 王一雯.学前儿童社交淡漠行为的影响因素及干预策略[J].教育导刊（下半月），2016（5）：34-37.
[39] 王争艳，刘红云，雷雳，等.家庭亲子沟通与儿童发展关系[J]．心理科学进展，2002，10（2）：192-198.
[40] 魏莺娟.当前小学生过度社会化问题的成因分析：基于自我概念形成的视角[J].科教导刊（中旬刊），2015（14）：136-138.
[41] 向琼. 教师人际行为、初中生自我概念与学校适应的关系研究[D].成都：四川师范大学，2003.
[42] 谢燕伟.谈物理课堂上的互动式教学[C]//邢改萍，李守查. 中国当代教育文集：第十二卷. 北京：学苑出版社，2003.
[43] 杨彬津.小学生学业拖延状况与父母教养方式的相关研究[D]. 福州：福建师范大学，2019.
[44] 曹娇楠.小学生补课现象调查研究[D]. 沈阳：沈阳大学，2020.
[45] 姚一玲，孔企平，蔡金法.小学生与初中生主观幸福感的差异分析[J]. 全球教育展望，2016（5）：21-29+67.

[46] 张金明，张金玖.中小学生上进心理冲动及其诱导原则策略[J].中国教育学刊，1999（5）：3-5.
[47] 张丽.浅析幼儿分享行为[J].教育实践与研究（理论版），2014（3）：2.
[48] 张莉萍. 论家庭教育方式与儿童个性的形成[J].兰州教育学院学报，2014，30（2）：154-156.
[49] 张旭东，孙宏艳，赵霞.从“90后”到“00后”：中国少年儿童发展状况调查报告[J].中国青年研究，2017（2）：98-107.
[50] 赵莉莉.中学生习得性无助感及其与学业自我效能父母教养方式的关系[D]. 郑州：河南大学，2010.
[51] 赵燕香.影响儿童道德情感发展的主要因素[J].教学与管理（小学版），2004（11）：44-45.
[52] 赵正新，任红娟.儿童道德行为意志研究20年的回顾与反思[J].江苏教育学院学报（社会科学版），2000（2）：16-19.
[53] 周晓虹.文化反哺：变迁社会中的亲子传承[J].社会学研究，2000（2）：53-68.
[54] 周艺新.躯体变形障碍详解[J]. 临床医药文献电子杂志，2018（11）：13-15.
[55] 朱伟强，黄山，盛慧晓. 教学中的人际关系与师生课堂互动、学习结果的相关性研究[J].全球教育展望，2017，46（12）：24-34.
[56] 朱秀云.小学生自我管理能力的培养策略[J]. 教育导刊，2014（10）：65-66.
[57] 朱永新.致教师[M]. 武汉：长江文艺出版社，2015.

后　记

本书受四川省委宣传部、四川省精神文明建设办公室委托和支持，受四川省未成年人心理健康研究与辅导中心、绵阳市社会科学研究重点基地——四川绵阳未成年人心理成长指导（研究）中心的资助（项目负责人：何琳琳；项目名称：游戏治疗在社区未成年人心理服务中的应用研究；项目编号：SCWCN2018ZD01）和绵阳市社会心理服务体系建设试点创新项目的资助（项目负责人：何琳琳；项目名称：心理服务科普宣教课程及平台建设；项目编号：20XL02）完成。

全书由四川绵阳市未成年人心理成长指导（研究）中心“心老师”何琳琳主持编写，翟瑞对本书的编写思路和整体框架给予多次指导。左果果、雷于佳、刘孝群、庄一莹、陆清、李美秀、梁雪莹、廖帮曲、王妍、吴沁洋、黄心语、刘正杰参与编写。

在此，感谢四川省委宣传部、四川省精神文明建设办公室、绵阳市委宣传部、绵阳精神文明建设办公室、绵阳市社会科学界联合会等单位的支持。感谢各位领导、老师和同学们在本书编写过程中的大力支持、指导和辛勤付出。由于我们接触的案例有限，本书存在一定不足之处，欢迎广大读者和社会各界有识之士给予批评指正。

编　者

2020年9月